# 人一生不可不知的
# 人文科学常识

陈鹰翔　编著

光明日报出版社

图书在版编目（CIP）数据

人一生不可不知的人文科学常识/陈鹰翔编著．-- 北京：光明日报出版社，2012.6（2025.4 重印）

ISBN 978-7-5112-2402-6

Ⅰ.①人… Ⅱ.①陈… Ⅲ.①人文科学－通俗读物 Ⅳ.① C49

中国国家版本馆 CIP 数据核字 (2012) 第 076646 号

# 人一生不可不知的人文科学常识

REN YISHENG BUKE BUZHI DE RENWEN KEXUE CHANGSHI

编　　著：陈鹰翔

责任编辑：李　娟　　　　　　　　　　责任校对：张荣华
封面设计：玥婷设计　　　　　　　　　责任印制：曹　净

出版发行：光明日报出版社
地　　址：北京市西城区永安路 106 号，100050
电　　话：010-63169890（咨询），010-63131930（邮购）
传　　真：010-63131930
网　　址：http://book.gmw.cn
E - mail：gmrbcbs@gmw.cn
法律顾问：北京市兰台律师事务所龚柳方律师

印　　刷：三河市嵩川印刷有限公司
装　　订：三河市嵩川印刷有限公司
本书如有破损、缺页、装订错误，请与本社联系调换，电话：010-63131930

开　本：170mm×240mm
字　数：180 千字　　　　　　　　印　张：12
版　次：2012 年 6 月第 1 版　　　　印　次：2025 年 4 月第 4 次印刷
书　号：ISBN 978-7-5112-2402-6-02
定　价：39.80 元

# 出版说明

　　一个人在其一生中，掌握基本的人文科学常识和对人类发展产生重大影响的科学理论，不仅可以丰富个人的知识储备，而且还有助于培养正确的科学思维方式，获得更多解决问题的新方法，甚至树立正确的人生观和世界观。

　　《人一生不可不知的人文科学常识》选取了近50个人文科学领域最有代表性的思想和理论，包括了哲学、文学、艺术、历史、语言等各个方面的知识和内容。在本书中，作者只用很少的篇幅，就全面系统地展示出了人文科学发展的全景，深入浅出地阐释了每一个对人类文明产生重大影响的科学理论，把一些深奥难懂的人文科学知识，用每个人都容易理解的方式表达出来。

　　本书采用图文结合的编排方式，丰富的图片、灵活多变的版式，使得人文科学知识的内容变得亲切而随和，贴近了读者的阅读心理，立体还原了人文科学的发展足迹，为读者深入理解和掌握深奥的科学原理提供了浅显易懂的注解，引领读者登堂入室，从一个崭新的层面去了解人文科学的精神内涵，从而获得更多的审美体验、想象空间和更为广阔的文化视野。

# 目　录

扫码获取更多资源

# 无动于衷地否定一切

# 怀疑主义

　　怀疑主义理论创立于古希腊晚期，即公元前 4 世纪后半叶，是除了伊壁鸠鲁主义、斯多亚学派之外的另一个重要派别，当时的"显学"之一，前后延续了 500 年左右。

　　古代希腊文化高度发达，思想开放，学术氛围浓厚，当时的哲学家们从一开始就把自然作为思考的对象，探讨现象背后统一的基础，以求得事物存在和生成的物质。此后，随着雅典民主制度的繁荣，人们关注的重心开始转移到社会和人自身的一些问题上来。这其中，普罗泰戈拉在世界万物的永不休止的运动中发现了相对主义的结论；高尔吉亚通过对存在论的否定，深刻地揭露了思维与存在的矛盾性，第一次系统地提出了主观与客观、思维与存在、语言与思想的矛盾；苏格拉底对以前的自然哲学家进行批判，开拓了哲学的研究领域，哲学的研究对象从自然转移到了人，从而为哲学的认识论的诞生开辟了道路；柏拉图继承前人，形成了一个以理念论为主线和理论基础的庞大的哲学体系等。他们的哲学思想的都蕴含着丰富的怀疑论成分，再加上德谟克利特的约定论和不可知论因素，这一切都为怀疑主义的产生准备了养料。巴门尼德"存在论"的独断论，把知识和真理绝对化以及由此遇到的种种难题，则从反面促成了怀疑主义的出现。

## ∷代表人物皮浪与塞克斯都

　　皮浪，古代怀疑主义学派的创始人。他起初是个画家，曾经参加过亚历山大大帝的远征，和波斯的僧侣以及印度的婆罗门有过交往。在皮浪生活的时代，追求幸福与至善，渴望灵魂的宁静与恬适乃是晚期希腊哲学的一个显著特征。每个流派都视之为理智活动的终极目的和人类生存的最高境界。皮浪选择了一条与众不同的道路：彻底的放弃认识。他曾经明确指出："最高的善就是不做任何判断，随着这种态度而来的就是灵魂的安宁，就像影子随着形体一样。"从这一原则出发，他主张对一切事物采取无动于衷，冷漠处置，因为事物本身没有真假之分，也没有善恶、美丑之分，对事物既不肯定也不否定，要完全保持沉默。他的目的就是通过完全放弃判断、放弃认识，否认认识的可能性，以求实现"不动心"，不受干扰的理想生活。"不作判断"亦成为怀疑论的格言。

皮浪是这样说的，也是这样做的。一次，他和同伴们乘船出海，遇到了风暴。同伴们都惊慌失措，而他却若无其事，指着船上一头正在吃食的小猪，对他们说，这是哲人应当具有的不动心状态。他的学生受它影响很深，一次，他掉进水沟里，他的一名弟子正好路过，但由于弟子不能确定沟里的是不是他的老师，就自己走开了。皮浪仍旧留在了沟里。

塞克斯都·恩披里柯是晚期怀疑主义的代表之一。他与其他怀疑论学派学者，继续为怀疑主义寻找论据：由于论证的无穷尽性，对同一对象无法做出肯定或否定的判断；由于事物的相对性，无法对事物的本性做出判断。他认为，没有任何东西可以被认识，因为真理的标准是无法发现的。关于真理问题，他说："我们面前的对象，或者是被感觉到的东西，或者是被思维的东西"，而在自然哲学家们关于可感觉的事物和可思想的事物的那些意见之间，是存在着重大的矛盾的。对这个矛盾，我们必须保持不决定的态度，因为无论感性知觉或理性思维都不能给我们提供一个真理的标准。关于因果性问题，他认为原因与结果只是关系，是思维的对象，是不存在于现实之中的。所以，同时的东西之间并不存在因果关系，先后产生的事物之间也不存在因果关系，进而否认了因果关系的客观性，否认了事物的相互作用、互为因果的状况，陷入了形而上学的泥沼之中。另外，他的著作《毕洛主义概略》和《反杂学》为我们研究怀疑主义的重要资料来源。

17世纪末，法国哲学家贝勒继承了文艺复兴时期的怀疑主义。18世纪的英国哲学家休谟则提出了不可知的怀疑主义。

## ::历史影响

由于怀疑主义怀疑客观世界、客观真理的存在性与可知性，所以，人们往往把它作为一种错误的哲学理论进行批判。可是，对于怀疑主义，古希腊人是以严肃认真的态度对待的，尽管因为它否认客观世界的存在和获得真理的可能性而遭到观点相异者的诋毁，但作为一种哲学思想，它的产生和发展有着深刻的历史根源和现实因素，是时代发展的产物。尽管它有着这样那样的局限，但它揭示了可感现象的相对性和不确定性，指出了感性认识的局限，暴露了独断论哲学在建构体系时的缺陷，发现了认识本身所包含的矛盾，从而有利于破除人们对知识的盲目迷信和对求知的盲目自信，迫使哲学进行自我反省，促进理论思维的提高和哲学思考的深入。

在经过了很长一段时间的低迷之后，人们重新发现了怀疑主义的价值。近现代的许多著名哲学史家对怀疑主义肃然起敬，倍加颂扬，如黑格尔说它"通过思维而获得自我意识的自由是一种高级的、有教养的意识"；雷斯切尔说：怀疑论是有"韧性"的，

↑笛卡儿在科学上的贡献是多方面的，他著有关于生理学、心理学、光学、代数学和解析几何学方面的论文和专著，而他的"普遍怀疑"和"我思故我在"的哲学思想对后来的哲学和科学的发展，产生了极大的影响。

经得起否证的严厉冲击。近代的哲学家们逐渐认识到，皮浪所主张是彻底的怀疑主义，他这种怀疑主义甚至连自己的怀疑也要怀疑，以致不能自圆其说。这种怀疑主义的破坏性是大于其建设性的，其最终只能导致不可知论。笛卡儿对此进行了反思。在《第一哲学沉思集》中从普遍的怀疑出发，他要把一切打倒，重新建立一种体系，经过努力，提出了他的第一个著名的哲学命题：我思故我在。进而，凭这个普遍的怀疑，笛卡儿奠定了近代西方哲学的基础，其意义主要有两个方面：一是确立了理性主义原则；二是开创主体行而上学。

现代怀疑主义中的怀疑不再是古代怀疑主义中为宁静而怀疑，而是作为认识事物的手段，这是一种突破。这种突破对近代哲学的产生是哲学必不可少的，它对哲学发展起着至关重要的作用。在现今西方哲学界，怀疑主义是一个颇受重视的研究领域，包括黑格尔在内的知名学者对怀疑主义进行了卓有成效的研究。在中国，怀疑主义一直为人们所忽视，未能给予应有的重视。但是在中国传统文化之中，包含有丰富的怀疑主义的因子。20 世纪 80 年代以来，国内学者开始了对怀疑主义的研究，也取得了一些成果。

## 建构人类社会的乌托邦

# 理想国

公元前 427 年，古代欧洲著名圣哲柏拉图诞生在古希腊雅典的一个贵族家庭。柏拉图原名亚里士多克勒，因为身体长得粗壮，得了个"柏拉图"（即'宽阔'的意思）的绰号，后世的人们竟只知其绰号反而忘记了他的真名。柏拉图的父亲属于高德鲁王族系统，母亲是著名改革家梭伦的后裔。20 岁时，从学于当时的著名大哲苏格拉底，并很快成为其忠实的信徒。受家庭影响，在青年时代，柏拉图一度曾希望从事政治活动，但由于伯罗奔尼撒战争引发了社会动乱，雅典共和国也因失败而走向衰落，粉碎了他的政治梦想。公元前 398 年，他的老师苏格拉底因反对雅典的民主政治，被当权者指责"腐蚀青年的灵魂"，受到审判并被迫服毒而死。这极大地刺激了柏拉图，他从此对民主政府深恶痛绝，决定彻底放弃仕途理想，转向苏格拉底的学术研究。

↑柏拉图像

柏拉图的对话录是有史以来最优美的希腊散文，既是艺术作品，也是哲学著作。然而，当他试图对实际的政治施加影响时，却有些力不从心。

苏格拉底生前未曾著书，他的言行和思想经由他的两个门徒色诺芬和柏拉图才得以流传下来。当时，雅典统治者和下层百姓声讨苏格拉底的气氛十分浓烈，为避免遭到迫害，柏拉图和几个同学被迫离开了雅典。他们先到了麦加拉避难，后来又来到了西西里、意大利南部，甚至埃及。一路上，柏拉图进一步研究了爱利亚派、毕达哥拉斯派的学说。

公元前 387 年，柏拉图返回雅典，在纪念希腊英雄阿卡德米的花园里开办了一所学校，这就是著名的柏拉图学园。柏拉图的后半生，便在这里从事教学和研究工作，历时 40 年。柏拉图学园是欧洲第一所固定的学校，主要研究科学和哲学，主要课程是数学，在学园的门口挂着"不懂几何学的人不要进来"的牌子。柏拉图学园一直办到 529 年，因东罗马皇帝查士丁尼下令封闭才取消，前后达 900 余年。

公元前 347 年，在一个朋友结婚的宴会上，柏拉图慢慢退到屋子的一角，没多大工夫，他便平静地死去了，享年 80 岁。

柏拉图一生勤奋著述，直到去世。后世流传下来的柏拉图的著作有不少是伪作，如书信大多均属此类；至于各篇对话之真伪，各家的考证出入甚大，不过也有一些是没有分歧的，如《美诺篇》、《斐德罗篇》、《普罗泰哥拉篇》、《会饮篇》、《理想国》（又译作《国家篇》）、《泰阿泰德篇》、《法律篇》等。

柏拉图创办了学园以后，心目中的理想王国日益清晰，《理想国》的问世，标志着柏拉图哲学思想的形成。现在，我们所见到的主要中译本有吴献国译《理想国》（1929 年由商务印书馆出版）。此外，还有多种节译本。

## ::基本思想

《理想国》共分十卷、三个部分。通篇是对话，讨论如何建立一个理想国家的问题。第一部分：第一卷到第五卷，主要是论述理想国的具体组织；讨论正义、教育、道德、理念等问题。第二部分：第六卷和第七卷，主要是论述与政治学相对的纯粹哲学问题，论述统治者必须是哲学家。第三部分：第八卷到第十卷，主要是对各种实际存在的政治体制及其优缺点的讨论。它们不是同一时间所写，讨论的主题经常变化，各卷间没有太多的联系。

在《理想国》里，柏拉图构建的理想之国是一个公正之国。他从社会分工来论证组织管理国家的原则，他认为，社会分工是由人的天生秉性决定的，人们不能互换职业和地位，否则就违背了人的天性。理想国按人的天性进行分工，公民被划分为三个等级：国家的执政者即统治者、国家的保卫者即武士和提供生活资料的人即劳动者，这三个等级是神用不同的东西创造出来的——统治者是用金子做的；武士是用银子做的；农夫和手工业者则是用铜和铁做的。这三个等级稳固不变，一个人属于哪一种等级，他所生的儿子就是属于哪一种等级。

## 毕达哥拉斯派

哲学流派和宗教团体，据传由希腊哲学家、数学家毕达哥拉斯于公元前525年所创。它以一些具有很大影响的观念而知名。这些观念包括：①数的形而上学观念和音乐、天文学等其他学科，从根本上说，其本质是数学；②用哲学作为净化心灵的手段；③天界是灵魂的归宿，灵魂有可能超升，与神成为一体；④使用象征，有时是神秘的象征，如四列十全、黄金分割、天体和谐等；⑤毕达哥拉斯定理；⑥要求团体所属成员必须严守秘密和绝对忠诚。

↑希腊战士雕像
武士在柏拉图等级秩序中排在第二位。

柏拉图极力反对雅典的奴隶主民主制，攻击民主制是无法无天混乱一团的制度，是造成国家分裂的元凶。他的理想国是斯巴达式的贵族共和国。

在柏拉图看来，第一、第二等级的人都是天生的统治者，最适宜从事脑力劳动，而第三等级的人只能从事经济活动。正是由于财产的私有，造成了国家的分裂和党派之间的争斗，而财产私有又是由于家庭和妻儿归个人所有所产生。为缔造真正的理想国家，柏拉图提出了公有、共产的主张。统治者和武士是国家的统治者，为了能更好地治理国家，都不得拥有任何私有财产，应实行财产公有，由国家供应他们的生活需要；取消所有的家庭，所有等级的人吃住都在一起，实行共妻共子，男女完全平等，所有的妇女是一切男子所共有的妻子，孩子在生下来的时候就被带走，统一由国家抚养、教育，以此来消除统治阶级的内部矛盾，维护奴隶制；只有生产者才被允许拥有一定的个人财产。

《理想国》的主题是公正问题。柏拉图认为，理想国中的各个等级应各守其德，一个好的国家应该具备四德：智慧、勇敢、节制、公正。统治者应该具有的是智慧；武士具有的是勇敢；从事生产劳动的人具有的是节制。如果这三个等级都具备了自己所应具有的德行，就实现了公正，整个国家也就达到了公正的理想状态。公正就是不同阶层的人们按照各自具备的德行为国家做出最好的贡献，即各自尽责而不干涉他人，这就是公正的原则。假如木匠去做铁匠的事，工人商人企图成为军人或统治者，那就是不公正。因此，公正不是其他三种德行之外与它们并列的另一种德行，而是它们之上的普遍适用的德行。个人的公正和国家的公正是相同的，国家的道德来自个人的德行。

在《理想国》里，柏拉图提出了两种开国方式：一种是哲学家成为统治者，另一种是统治者成为哲学家。因为只有他们才是真正爱智慧、爱知识、追求真理的人，只有他们才能真正学会和掌握理念论，学会统治艺术，只有他们才能按照神的意志，掌握理想国家的政权。让哲学家为王是实现国家公正的唯一办法。为了使一个国家受哲学的统治而不至于腐败，最根本的就是让有哲学才能的人接受好的哲学的训练；在所需要学习的知识中，最重要的就是善的理念。

为了实现心目中的理想国，柏拉图曾三次到西西里的叙拉古。第一次，他被当地国王送给雅典当时的敌人而沦为奴隶，幸亏朋友把他赎了出来；第二次，在新国王继位后被邀前往，也没结果；第三次仍然落空，而且如果没有毕达哥拉斯学派的人出面干预的话，他也许就回不了雅典了。

事实上，柏拉图所满腔热情建构的理想国只是一个无法实现的精神乌托邦而已。

## ::历史影响

2000 多年来，《理想国》被译成多种文字，被世人广泛阅读。它对西方哲学的影响是巨大深远的，其理念论体系把理念推向了古代思辩辨证法的顶峰，不但在欧洲中世纪成为基督教神学的重要支柱，而且长期制约着西方哲学的发展。可以说，柏拉图是西方传统文化的奠基者和杰出的代表人物。

作为柏拉图的主要代表作，《理想国》在人类思想史上第一次提出了一个完整系统的理想国家的方案，开创了后世系列乌托邦方案的先河。但是，他的理想国方案没有被任何国家采纳。在他之后的历史中，欧洲许多国家实行王位世袭制；最近的几个世纪，一些国家以民主制的原则组织政府；而且，军事独裁的政府也接二连三的出现。

不过，中世纪天主教会的立场倒是和柏拉图所向往的管理阶级有着惊人的相似；美国宪法中的许多条目也与他的政治理想比较接近，美国人推崇最杰出、最优秀的人管理国家。

## 精神自由舞蹈的黄金时代

# 文艺复兴

"文艺复兴"是一场从 14 世纪开始，历经 300 多年的适应资本主义产生和发展的新兴资产阶级在意识形态领域里反封建反神学的革命。它兴起于最早产生资本主义萌芽的意大利，后来扩展到英、法、德、西班牙和尼德兰等欧洲诸国。

文艺复兴运动是反封建的资产阶级思想文化运动，它形成和发展的决定因素是欧洲社会经济的演变。它借助于西欧封建危机和资本主义的萌芽以及地理大发现等因素而兴起。

文艺复兴最早兴起于意大利。意大利地处地中海商业贸易中心，15 世纪前，意大利北部和中部的工商业城市商品经济发达，资本主义萌芽和新兴资产阶级首先在这里产生。佛罗伦萨、威尼斯等城市较早地摆脱了封建势力和封建教会的束缚，取得了政治上的自治，建立了共和国。具有资本主义性质的城市生活，是一种与中世纪宗教生活相对立的世俗生活，它是人文主义诞生的社会基础。意大利是古代罗马的统治中心，它受希腊、罗马古典文化的影响最为直接和巨大，这是文艺复兴的历史渊源。

15 世纪后期，文艺复兴运动逐渐传播到其他欧洲国家。15 世纪中期，毗邻意大利地区的德意志大学成为文艺复兴运动的中心。直到 16 世纪末 17 世纪初，人文主义文学才出现繁荣；15 世纪，随着"圈地运动"的扩展，英国的文艺复兴运动一开始就具有比较雄厚的经济基础和良好的政治条件，16 世纪末 17 世纪初，英国人文主义思想的传播达到高潮。

## ::人文主义文学

但丁（1265～1321），佛罗伦萨政治家和诗人，不朽代表作长篇诗集《神

曲》采用梦幻文学的形式，描述了他幻游地狱、炼狱和
天堂三界的过程，猛烈抨击了教会的腐败和统治者的残
暴，歌颂了追求自由、理想、感情和知识的精神。
薄伽丘的短篇故事集《十日谈》是其最伟大的作品。
作品对教会僧侣的贪婪、欺诈的罪恶和淫荡生活
以及封建贵族的残暴、腐朽、昏庸和卑鄙，进行
了猛烈抨击。彼特拉克被称为"文艺复兴之父"。
他第一个提出"人学"与"神学"对立的观点，他的
作品有史诗、抒情诗、颂歌，其中《歌集》是其代表作。

15 世纪中期到 17 世纪初，欧洲其他国家出现了许
多人文主义的杰出代表。德国的伊拉斯谟在《愚人颂》
中采用讽刺的手法，假借"愚人"之口，对国王、教皇、
主教、僧侣等的伪善、愚昧无知、贪婪欺诈和荒淫无
耻进行了辛辣的嘲讽，同时赞赏个性自由和人性解放。
西班牙现实主义作家塞万提斯（1547 ~ 1616）的长
篇小说《堂·吉诃德》讽刺了趋于消亡的骑士制度。

莎士比亚（1564 ~ 1616），文艺复兴时期英国
杰出的文学大师，他代表了整个欧洲文艺复兴的最
高成就。莎士比亚的创作成果极其丰富，现存长诗
两首、十四行诗154首，剧本37部。代表作历史剧《亨
利四世》，喜剧《仲夏之夜》、《第十二夜》、《威尼斯商人》，悲剧《罗密欧与朱丽叶》、
《哈姆雷特》等。其历史剧取材于 13 世纪到 15 世纪末的英国历史，表达了人文
主义的政治史观。其喜剧表现了反对封建教会的禁欲主义和封建伦理道德的束
缚，追求个性解放、爱情自由等人文主义人生观。其悲剧深刻揭露和批判了封
建宫廷的暴虐、资本原始积累时期资产阶级的贪婪和极端个人主义的丑恶。

↑但丁像

但丁，意大利著名文学家、思想家。
他被称为"中世纪的最后一位诗人和
文艺复兴时期的第一位诗人"，长篇
诗集《神曲》体现了他的思想的精髓。

## ∷现实主义艺术

欧洲中世纪绘画、雕刻、建筑、造型艺术渗透着浓郁的禁欲主义、神
秘主义和蒙昧主义。在人文主义思潮的影响下，艺术家们冲破神学思想的
牢笼，出现了以现实生活中的人物形象为主要题材的人文主义艺术。艺术
表现以人为主体，赞美人的力量，美化人的形体，讴歌人的理想，把人物

与自然环境相结合，使艺术与现实生活相联系，为艺术创作技巧的提高做出了巨大贡献。

15世纪末16世纪初，意大利文艺复兴进入全盛时期，诞生了"艺术三杰"达·芬奇、米开朗琪罗、拉斐尔。

杰出的艺术家和科学家达·芬奇（1452～1519）注意准确地描绘大自然，利用山水衬景和透视法营造空间，烘托人物形象，利用解剖理论和色阶微妙变化，渲染画面层次，显示出独领风骚的艺术风格。著名作品《最后的晚餐》取材于《圣经》中犹大出卖耶稣的故事，门徒们表现出惊讶、恐惧、内疚、愕然、愤恨等表情非常生动。《蒙娜丽莎》是一位银行家之妻的肖像画，作者把人物的外表美与内在的精神和力量和谐地统一起来，反映出成熟女性所具有的无尽的魅力。

↑蒙娜丽莎　达·芬奇
几个世纪以来，画中主人公神秘的微笑曾吸引了无数的参观者，在这幅画中，达·芬奇创造了理想中完美女性的形象。

著名画家、雕塑家、建筑师和诗人米开朗琪罗尤其是擅长表现男性强健、高贵庄严的形体，展示了人体美与内心美，歌颂人的力量。代表作有雕像《大卫》和壁画《末日的审判》等。著名画家和建筑学家拉斐尔的艺术作品以优雅、和谐和高度的完美而著称，《西斯廷圣母》和《雅典学派》最为有名。

威尼斯画派主要代表是四大名家：乔尔乔内，最负盛名的作品是《酣睡的维纳斯》；提香，代表作是《天上的爱和人间的爱》等；丁托列托，代表作《圣马可奇迹》；委罗奈斯，最著名的作品是《西蒙家的宴会》。

在西欧也产生了一批具有世界影响的艺术大师。尼德兰艺术大师勃鲁盖尔绘画代表作有《到骷髅地的行走》、《农民的舞蹈》等。德国著名的人文主义雕刻家、画家、建筑师丢勒代表作木版画《启示录》、铜版画《忧郁》、油画《母亲肖像》等。法兰西最知名的雕刻家古戎参与了卢浮宫的内外装饰工作。

## ::哲学思想与政治理论

文艺复兴时期哲学的主要内容就是具有唯物主义性质的哲学反对中世纪的

经院哲学。15 世纪后半期，兴起了自然哲学，力图以科学和理性战胜一切形式的独断主义，进一步促进人们的思想解放，促进自然科学的发展。

培根(1561～1626)，唯物主义和现代实验科学的真正始祖。他的《伟大的复兴》是享誉人类思想史的传世之作。其主体《新工具》提出了一条全新的唯物主义认识路线，即科学的归纳法、分析的方法、综合的方法。目的就在于给人们一种新的解释自然的方法，促使人们对自然界的规律有更深刻、更正确的洞察。

在政治上，产生了君主专制的理论。君主论的主要代表人物有意大利的马基雅维里、法国的不丹等。马基雅维里的名著《君主论》对君主统治的方式、手段以及策略所做的大胆而又直率的论述，反映了新兴资产阶级力图通过强有力的王权统一意大利，发展资本主义的愿望。

16 世纪，随着资本主义生产方式的发展，出现了反对一切剥削阶级的早期无产阶级的斗争。空想社会主义思想就是适应这种斗争的需要而产生的。莫尔的《乌托邦》描绘了一个没有私有财产，没有剥削，没有困苦的理想社会，为后人对社会历史的探索提出了重要课题，特别是为马克思创立科学社会主义提供了极为宝贵的资料。

同时，文艺复兴时期诞生了近代自然科学。在天文学领域涌现出像哥白尼、布鲁诺、伽利略等一大批科学巨匠，他们突破了统治千年的托勒密地心说，创立并发展了日心说，由此揭开了近代自然科学革命的序幕。与此同时，古代数学、医学也获得了重大发展。

文艺复兴运动是一次人类从来没有经历过的最伟大的、进步的变革，高举人文主义思想旗帜，使文学、艺术、政治思想、历史、教育、社会生活、自然科学等领域从中世纪蒙昧主义、禁欲主义和神秘主义的神学桎梏中解放出来，从而造就了一批资产阶级文化的时代巨人，创造了丰硕的文化成果。文艺复兴运动极大地削弱了封建制度和教会统治，推动了近代资产阶级文化的产生和发展，在精神方面，为近代资本主义制度的胜利开辟了道路。

↑《君主论》书影

《君主论》一书是文艺复兴时期资产阶级启蒙思想希望在政治上有所建树的体现。该书对君主的统治方式、手段及策略大胆地提出了批评，表现了希望发展资本主义制度的愿望。

# 在人类发展史上的大写人

# 人本主义

人本主义是兴起于 14 世纪的西方的一种哲学思潮，一般是指抽去人的具体历史条件和社会关系，而仅把人看作是一种社会生物学意义上的存在的哲学学说。它与科学主义并列为近代西方哲学中的两大思潮。

中世纪的欧洲，教会不但是欧洲最大封建主，还在政治上享有高度的封建特权，在思想上，基督教神学一统天下，神学有至高无上的权威，基督教垄断文化教育乃至整个社会精神生活，实行残酷的思想统治。基督教成为欧洲各国实际的太上皇，他们严格控制人民的思想，极力维护基督教的神圣地位。这严重束缚了人民的思想，阻碍了社会的进步。

14 至 16 世纪，文艺复兴运动兴起并迅速地遍及整个欧洲，这是一次以人为中心的人类思想解放运动，它通过文学、诗歌、音乐、美术等艺术形式，反对神性，提倡人性，反对神权，倡导人权、个性自由的人文精神，歌颂人的创造力和人的价值取向，人的伟大的奋斗精神和向往美好未来生活的世俗世界的追求。它敢于反对基督教、神、上帝主宰一切的统治思想，冲破了长期以来基督教强加于人的神和上帝的精神枷锁，启迪人们去追求、探索和发现自己的人性。它用人性反对神性，用科学反

↑法国启蒙运动的寓意画

在代表着知识传播的书籍和报纸的包围下，各大主要宗教的代表正在激烈讨论。

对愚昧、偏见，促使人们从宗教神学的桎梏中解放出来。

18世纪，启蒙运动继承发展了文艺复兴时期的这一思想。启蒙思想家从人是自然界的产物出发，提出了人创造了神和上帝，而不是神和上帝创造了人的观点，进而主张追求自由、平等、博爱等人类的自然本性，并以此摆脱宗教教会的教条和经院哲学的束缚。在火与剑的搏斗中，理性的人最终战胜了神。以探讨"人的本质"为目的的哲学——人本主义思潮产生了。

> **马斯洛理论要点**
>
> 马斯洛开创了人本主义心理学，他认为人的成功除了优秀的天赋外，还需努力工作，长期的训练。他认为：人要达到新的创造境界，还需要以下条件：①鼓励人的自信心；②容忍错误，并鼓励个体的发展；③了解创造性的意念，要加强自身的顿悟。

## ::早期人本主义和费尔巴哈

尽管西方的人本主义是到了近代才获得空前的发展，并作为一种思潮登上历史舞台，但是，西方的人本主义传统可以追溯到古希腊哲学家智者学派和苏格拉底等人，他们提出了"人是万物的尺度"的观点和"人是什么"的问题，从此希腊哲学走上由注重自然向注重人的研究的转变。但由于时代等因素的局限，人本主义未能成为主流的思想。文艺复兴运动的开展，人本主义思想获得新生。启蒙运动中，法国启蒙哲学家从抽象的人性论出发，探讨社会历史的一些重大问题，提出了"自然法"、"自然权利"、"社会契约"、"天赋人权"、"自由、平等、博爱"等一系列有关社会政治伦理的思想。这种思想在本质上是对人本主义的发展。到费尔巴哈，人本主义已经初具规模。

费尔巴哈（1804～1872），近代著名的哲学家。他生于巴伐利亚的兰得休特城，曾入海德堡大学学习，后因慕黑格尔之名转入柏林大学，并很快成为黑格尔哲学的信徒。黑格尔宣扬的是绝对的理性，把人看作抽象精神的产物，把人的本质规定为绝对观念的自我意识。在这种理念之中，人的个性被其共性所消融，人仅仅否定性地存在于国家之中。黑格尔这种非人的逻辑，中断了自康德以来所强调自我主体作用的理性主义，但是，他这种非人的意境是人类现实生活所无法忍受的，必将为更为先进的理论体系所取代。费尔巴哈第一次从人的整体出发，从人的真实生存出发，确立起人在思想史上的地位。费尔巴哈批判了宗教的和黑格尔的超自然的人的本质观。他认为世界上除了自然界和人之外，再没有其他东西，认为"人是自然的产物"，心灵不能脱离肉体而存在，上帝和宗教是人的自我异化的产物，是人的自我本质的虚幻反映。他再一次打倒了披着绝对观念外衣的上帝。他整合了以往的有价值的人性规定，完成了西方人本学思想史上的全面集合和理论的建构。

费尔巴哈之后，马克思在批判黑格尔和费尔巴哈的人性论的基础上，提出了有关人的学说的科学论断。马克思一方面承认人是自然界的产物，但同时又认为，人既有自然属性又有社会属性，其中前者是后者的基础，人与人的本质区别在于人的社会特质。马克思批判了费尔巴哈把人看作"抽象的类存在物"的观点，从现实的和历史的角度考察人，从而揭示了人的社会交往同人的思想意识之间的内在联系，正确的认识了人的社会特质。

## ∷人本主义的发展

费尔巴哈的人本主义为车尔尼雪夫斯基所继承。19世纪40年代，德国真正的社会主义者发挥了这一学说的消极因素。20世纪20年代出现的德国哲学人本学以及当代以存在主义为主要代表的哲学人本学，则根本抛弃了古典人本学的唯物主义，成为主观唯心主义的哲学。

人本主义一开始并不是作为科学理性的对立物而出现的，但是，人本主义的大发展确是与其密切相关。随着西方资本主义经济的飞速发展，越来越多的人认识到，科技是一把双刃剑。科学技术在极大地推进人类物质文明发展，改变社会面貌的同时，它也极大地破坏生态环境，自然界失去平衡，生态系统面临着严重的生存危机，直接威胁着人的生存。尤其是两次世界大战，世界

↑ 费尔巴哈是德国古典哲学观点的机械唯物主义的代表人物，其唯物主义的"基本内核"为马克思主义吸收和发展。

人民的生命和财产遭受的惨重损失，人类陷入了苦难的深渊。

在此过程中，人文学者对科学理性的观念产生怀疑，先后出现了以叔本华、尼采为代表的唯意志主义，萨特为代表的存在主义，詹姆斯和杜威为代表的实用主义等。尽管他们的主要见解并不一致，但在反对科学合理性，提倡是非理性主义的原则上是一致的，并且都把科学技术作为当代人的"非人化"的根源

予以批判。这些思潮延续了以往人本主义以人为本的主题，并把其推向一个新的高潮。同时，他们也突破了费尔巴哈时期强调人与社会、感性与理性的一致性，进而主张强调个人的生存状态，强调个人的自由。

在西方近现代哲学发展过程中，唯物主义和唯心主义对人本主义哲学思想有过各种不同的解释。这反过来又影响到其他各门具体科学的研究和发展。现代的西方资产阶级人本主义思潮更是五花八门，门派甚多。除了上文所提到的，还有 17 ~ 18 世纪唯物主义的人本主义社会历史观；人格主义、弗洛伊德主义、法兰克福学派、现象学运动以及现代天主教神学的各种流派，都以分析和解决人的问题为己任，在他们的论著中，充斥着关于人是主体、人是目的以及人的存在和价值等问题的抽象议论。其中，英国实用主义哲学家席勒嫌"实用主义"这个名词强调个人不够，就又提出了"人本主义"名称，并得到了詹姆士的首肯。他认为人本主义是一种比实用主义范围更广、更高一级的哲学。

人本主义思潮广泛的影响了西方非理性主义，它为近代的西方各门科学和各种学说思潮历史性地开辟了新的知识空间。在这一新的空间，人本主义渗透于各种思潮的理论体系之中，成为这些思想的重要的组成部分。在社会学、伦理学、刑法学、美学、文学艺术、管理学及教育、心理学领域都有不同程度的反映。在社会学中，产生于 19 世纪末 20 世纪初的资产阶级社会学流派之一的"人类学派"就利用人本主义原理，公开宣扬种族主义和社会达尔文主义。在美学、艺术领域中，有些学者宣称"人的原始本能"是艺术的对象和基础。在教育、心理科学研究领域中的一些精英，其中杰出的有卢梭、杜威、华生、弗洛伊德、马斯洛等深受人本主义思想影响，提出过各种人本主义教育、心理学说。马斯洛更是开创了人本主义心理学科，影响很大。

现代西方的人本主义哲学，正是为了解决现代人所面临的科学技术与人类生存的二律背反而兴起的。现代西方人本主义哲学把当前社会所面临的种种弊端统统归与科学技术的进步和运用，因而反对理性和科学，强调要保持人的真实性和唯一性。毫无疑问，面对沉重的发展压力，这一点无论在任何一个国家都是难以实现的，但是，另一方面，它们的主张却不断地得到社会各界的认同。人本主义已经渗透到各个领域，教育、心理人本主义研究一片蓬勃，商业街也把其吸收进来，不但企业的管理要讲以人为本，就连生产的商品也要体现以人为本的原则。

# 理性时代的光明使者

# 启蒙运动

17～18世纪，封建制度的最终没落和资本主义制度在更大范围内的确立已成为不可逆转的历史潮流。与此相适应，在意识形态领域内，欧洲资产阶级的启蒙运动蓬勃兴起。

这时候，商品生产者不仅需要买卖自由，而且还需要取得生产资料的自由，即需要一种无条件的、绝对的私有制。而在封建社会中，土地所有制是带有封建特权的贵族地主土地所有制。资产阶级不能容忍对生产资料的获得设置条件和进行干预，便提出个人的自由和平等以及私有财产神圣不可侵犯的要求。

为了推翻封建专制制度，资产阶级必须在思想战线上开展反对封建专制制度的斗争。这时期自然科学的发展，为启蒙思想家提供了锐利的理论和思想武器。如英国哲学家和科学家培根提出的"归纳法"、法国笛卡尔提出的新科学方法的两大原则即观察和思考等，对启发、引导人们用人的理性代替神的启示，用人的理性代替对神的盲目信仰，起到了巨大的积极作用。

启蒙运动高举理性的旗帜，否定宗教神权、专制王权和贵族特权；提出了天赋人权的观点和主权在民的政治学说。

自然法学理论可以说是各位启蒙思想家的社会政治思想的核心。

荷兰思想家雨果·格劳修斯（1583～1645）被认为是近代自然法理论的开创者。他首次从新兴资产阶级立场出发，用人的眼光、以人的理性为基础来考察国家、政治和法律，认为人具有自然权利。这些权利包括"生命、躯体、自由"和所有权等。在国家问题上，格劳修斯是社会契约论的主要倡导人之一。他认为，人类从前存在既无国家也无私有财产的自然状态。随着私有财产的出现，人们最终自愿订立契约、组成国家以保护自己的利益。在他看来，社会契约是一切现行国家形式的渊源。这种观点否定了君权神授的封建国家观念。

斯宾诺萨对自然法理论也有独到见解。他是最早从理论上论证民主制度、论证人的权利和自由的思想家之一。他认为人的基本欲望就是自我保护，人天生就有生存权这一最高自然权利。而按契约建立起来的国家，其目的就是限制人们的欲望和无节制的冲动，迫使他们按理性的法则生活。斯宾诺萨谴责君主专制政体，认为民主制是国家的最好形式。

## ::政治思想

英国是启蒙运动的发源地，英国最早的启蒙思想家是托马斯·霍布斯和约翰·洛克。

托马斯·霍布斯（1588～1679）的思想主要体现在论文《论政体》和著作《利维坦》中。霍布斯最早提出了"社会契约论"，认为在国家出现之前，人类处于一种自然状态中，每个人都享有自然权利，即全体人类共有自然赋予的一切物品的权利。由于人类为占有物品而彼此进行厮杀，为结束这种局面，确保安宁，人们便订立了契约，成立了国家。在订立契约时，人们放弃了过去所享有的那种自然权利，而由国家把物品当作私有财产分配给个人。霍布斯认为，既然私有制是国家所创造的，那么国家就有权干涉人们的财产和个人自由。他否定了君权神授论。

↑托马斯·霍布斯像

托马斯·霍布斯被世人誉为"近代唯物主义第一人"。他的作品有《论政体》和《利维坦》。他首先提出"社会契约论"。

约翰·洛克（1632～1704）的思想主要体现在《论政府》中。他认为，在自然状态中，就已经有了私有财产，这个私有财产是人们用自己的劳动把从自然界中得到的东西据为己有。为了保障这种权利免遭他人侵害，他们相互订立契约，成立了国家。因此，国家只能保护人们的私有财产和个人权利，而不能像霍布斯所讲的那样侵犯它们。关于国家形式，洛克推崇议会君主制。他还提出了"三权分立"的学说，即立法权、行政权和联盟权（处理对外事务权）分开。

## ::法国的启蒙思想家

在18世纪的启蒙运动中，法国涌现出了伏尔泰等为代表的百科全书派杰出思想家。

伏尔泰（1694～1778）对法国社会的黑暗面进行了无情的揭露，曾因此而被投入监狱。他无情地抨击天主教会，但是，他又认为应当保留宗教。他坚持"自然权利说"，他所说的自由，是取消暴政压迫和废除农奴制的自由，以及出版和信仰的自由。他所说的平等是指法律面前人人平等，而不是社会生活的平等。他反对君主制，认为"开明"君主实行改革，就可以过渡到君主立宪制。

孟德斯鸠（1681～1755）的代表作是1748年出版的《论法的精神》。他认为有三种合理的政体，一是民主政体，政权属于全体人民；二是贵族政体，政权属于贵族阶层；三是君主政体，君主按照法律并依靠贵族来统治国家。最理想的政体是君主立宪制。还有一种不合理的政体，那就是暴君政体。为防止暴君政体的出现，孟德斯鸠发展了洛克的"三权分立"学说，他将外交权改为司法权，明确提出了立法权、司法权和行政权三权分立的原则。立法权委托给人民代表机关，司法权属于陪审法庭，行政权交给君主，三者各自独立又相互制约。三权分立学说具有反封建专制的进步意义，对18世纪末美国、法国宪法的制定产生了明显的影响。

卢梭（1712～1778）幼年辍学，当过学徒、仆役、家庭教师，流浪过街头。1754年，他发表了《论人类不平等的起源和基础》。1762年发表的《社会契约论》是他的政治思想的代表作。他对法国的专

↑纪念卢梭的革命寓意画
因为卢梭是提出普遍意愿的理论家，所以他被看作是法国大革命之父。

↑卢梭《社会契约论》的宗旨是"寻找出一种新的结合形式，使它能用全部共同的力量来维护和保障每个人的人身安全和私有财产，并且由于这一结合而使每一个与社会相结合的个人又不过是在服从他自己，并且仍然像以往一样自由"。

制制度进行了更加严厉的批判。他指出，君主制本身必然导致君主的昏暴。他主张建立以社会契约为基础的民主制国家，主权属于生而自由平等的全体人民。如果统治者违反了民意，侵犯人权，破坏了大家都应遵守的社会契约和践踏了公共意志，人民就有权推翻它。

狄德罗（1713～1784）从1751年开始负责主编《百科全书》，参加撰稿的思想家、科学家、文学家和经济学家等有160人，他们被称为"百科全书派"。该书于1772年出齐，共35卷。它的出版，沉重地打击了封建制度和天主教会，唤醒了人民的觉悟，为反对封建专制的斗争提供了有力的思想武器。

## ∷杰斐逊与潘恩的民主思想

杰斐逊（1743～1826）是北美革命时期卓越的民主政治思想家和政治活动家，其不朽杰作是美国《独立宣言》。

宣言认为平等、自由、起义的权利是不可割让的自然权利。建立国家就是为了保护这些权利。在此，杰斐逊用"追求幸福"代替"私有财产权"，他明显发展了洛克的自然权利学说。这是资产阶级政治思想领域的一场革命，因为它打破了否定现世生活而把希望寄托于来世或天堂的中世纪观念。在杰斐逊等人的倡议下，有关维护资产阶级民主和自由权利的美国前10条宪法修正案于1791年开始生效，它们被统称为《人权法案》。

↑杰斐逊像

杰斐逊，美国第三任总统，有影响的政治家和哲学家。杰斐逊是一位来自上流社会的绅士，学识渊博，卓而不群，他先是倡议并起草了《独立宣言》，后两度当选为美国总统，期间通过外交手段以1500万美元购得了路易斯安娜，为美国以后的崛起奠定了坚实的基础。

托马斯·潘恩（1737～1809）出身贫寒。北美革命爆发后，他积极参加反英斗争。1776年发表《常识》一书，以通俗的语言、尖锐的笔调，号召北美人民拿起武器进行战斗。他认为，争取独立是每个民族不可割让的自然权利。

启蒙运动是继文艺复兴之后的第二次思想解放运动，它在思想上有力地冲击了封建专制制度及其精神支柱天主教会，并且为资产阶级革命提供了思想上、理论上的准备，给处于黑暗统治下的人民带来了光明和希望。因此，18世纪被称为理性的时代或启蒙的时代。启蒙运动兴起于西欧，波及欧洲大多数国家，后来影响到全世界。

# 西方最深刻的精神革命

# 历史主义

历史主义是从历史的联系和变化发展中考察对象的一种原则和方法。作为一种精神思潮，它萌芽于 11 世纪中叶，到 13 世纪初期开始形成体系。关于历史主义，有人把其看作是研究历史的一种原则、一种世界观；也有人把其看作是以完全客观的态度描述历史的进程，也就是把它看作是一种研究历史的方法。

文艺复兴以来，进步的思想家们通过文学和艺术等形式，宣传以人为本的进步观念，破除了旧观念对人们的束缚，解放了人民的思想；风起云涌的资产阶级革命，极大地改变着世界的政治格局；自然科学的进步，工业革命的进行，更是引起社会面貌的巨大变化，打破了长期以来西方思想中的永恒意识；地理大发现后，世界交往日趋频繁，使人们对世界有了更为深刻的变化：人们对其他民族或文化体系的风俗、历史与传统的了解。这一切都使人们认识到世界是丰富多彩的，是多变的、充满了差异的。对丰富而变动不居的历史，传统的自然法学说不能给出一个合理的解释，也不能为各国的政治事件提供有效的指导。于是，传统的自然法观念发生了动摇。

时代呼唤新的理论解决人们面临的困境。在浪漫主义、黑格尔主义、德国的历史学派和进化论思想的影响之下，历史主义作为一种思潮应运而生。这也就决定了，历史主义一出场，就是作为自然法学说的对立物而登上历史的思想舞台的。历史主义强调的是：理解过去的事情，要把其放置于当时的历史环境之中，要使用当时与这些事情密切相关的术语。

作为近现代西方思想史上的一场关注"历史"的文化思潮，它盛兴于德国，并逐渐扩展到欧洲各地，经历了一个不断变化发展的过程。

## ::早期历史主义

历史主义，最早见于意大利历史学家维柯的历史哲学中。虽然由于时代的局限，维柯还没有完全摆脱普遍主义的永恒意识，但他已能够运用发展的观点看待人类社会发生和发展的历史。在讲历史的变化时，他认为，人类的历史是破坏－建设－破坏－建设的循环运动，但是，这不是简单的历史循环，而是一种螺旋式的变化。历史并不重演自身，而是一种有别于过去的形式出现于每个阶段。这种历史意识直接地影响了他对人性的认识。他认为人性是遵循一定规律变化的，而不是永恒不变的。通过对各民族文化的研究，维柯认识到，在原始文化阶段，各民族文化既有共同性也各有独到之处。因此，要历史地看待古代人的历史和不同民族的文化，不能用本民族的文化价值标准评判其他文化的优劣。遗憾的是，维柯的历史意识远远超前于他那个时代，以至于在当时并没有产生太大的直接影响。直到 18 世纪末的德国，由维柯开其端的历史主义，才为人们所重视，逐渐形成为一股有影响的思潮。

维柯之后的温克尔曼、莱辛等人也主张用历史的眼光看待历史，但他们所起的作用有限。只是到了赫尔德，历史主义才被系统化和理论化，并得以广泛的流传。而赫尔德也就被公认为"第一位历史主义哲学家"。

↑莱辛像

莱辛主张用历史的眼光看历史，是历史主义的先驱。

赫尔德（1744 ~ 1803）是德国启蒙运动中最著名的史学家，被誉为"民族主义、历史主义和民族精神之父"。赫尔德认为，人类社会历史是自然界历史的延续，世界历史的发展是有规律的。历史的每一阶段都有自身的内在价值和其合理性。所有的文化都是完全平等的，他们不同的只是形式和内容的差别，而在价值上的没有任何差别。每个民族的文化都有其独立的价值，在历史发展过程中都有其独立意义。鉴于此，赫尔德提出对中世纪采用历史发展的眼光来看待，不能简单地视之为最黑暗的野蛮时期。德国的历史主义者受其影响，他们狂热崇拜中世纪宗教，鼓吹"回到中世纪"。赫尔德坚决反对肤浅的单线进化的历史乐观主义，他主张历史发展的多元化，反对统一化的生活，并将其视为生活和自由的敌人。

人类理性的深刻思辨

康德认为，一切知识都要通过分析判断和综合判断这两种逻辑判断表现出来。分析判断是把预先隐含在主词中的东西推导出来，它是先验的，具有普遍性和必然性……

# 纯粹理性批判

德国古典哲学的开创者和奠基人伊曼努尔·康德，1724 年 4 月 22 日出生于普鲁士王国东普鲁士省海滨城市哥尼斯堡（现属俄罗斯）。康德的早年生活充满了不幸：13 岁丧母，16 岁丧父。16 岁那年，他考入哥尼斯堡大学学习哲学。由于经济的窘迫，严重影响了康德的学习，他常常不得不中断学业。1747 年，他没参加学位论文答辩，就被迫离开了学校。为谋生，他先到一个偏远地区当了 7 年家庭教师，然后回到母校弥补了论文答辩，获得哲学博士学位。

母校一开始并没有给予这位日后成为哲学大师的性情怪僻的年轻人以好待遇，只是让他做一个没有固定收入的编外讲师。直到兼任了王室图书馆副馆长后，他才有了固定职位和薪俸。1770 年，康德被普鲁士国王任命为哥尼斯堡大学逻辑学和形而上学教授。1786 年，他升任哥尼斯堡大学校长。同时，康德先后被柏林科学院、彼得堡科学院、意大利西恩科学院推选为院士。

1770 年以前，康德的著作多是关于自然科学方面的，后来，他更专注于纯哲学的研究。在他的哲学研究生涯中，开始是所谓前批判时期，这时期他属于莱布尼茨－沃尔夫理论学派；在受到休谟、卢梭等人的影响后，经过长时间的思考，扬弃了经验论和唯理论的片面性，进入了批判时期。1781 年，康德最重要的哲学著作、历经 12 年沉思的结晶《纯粹理性批判》问世。1787 年，该书再版，康德作了重大修改。此外，他的重要作品还有 1788 年出版的《实践理性批判》、1790 年出版的《判断力批判》以及《自然通史与天体论》、《论永久和平》等。

在康德从事哲学研究的时代，存在了 2000 多年的形而上学已成了强弩之末，康德变换一种视角来研究形而上学：追问它是不是可能的。形而上学从来以科学自居，甚至企图成为科学。康德注意到，传统的知识必须符合对象的观念无法说明科学知识的普遍必然性，他大胆地将知识与对象的关系颠倒过来，主张不是知识必须符合对象，而是对象必须符合知识。事物刺激人的感官，提供了知识的构成质料；主体的先天认识形式通过加工整理经验质料形成知识，认识形式的先天性保证了知识的普遍必然性。从而，事物表现出对人类的显现和事物自身两个方面，前者发展为科学知识，后者就属于不可知的领域。历史上的形而上学偏重研究不可知的超验对象，当然是不可能的，但它决不意味着形而上学本身的不可能。

↑康德像

德国哲学家康德是历史上最伟大的哲学家之一，他提出"人的认识既依赖于经验，也依赖于理智"的观点，是欧洲理性主义与经验主义的集大成者。

康德写作《纯粹理性批判》来批判理性，旨在通过先验哲学对知识的限制，将形而上学引入新的发展方向。

## ::基本思想

康德在《纯粹理性批判》中，首次提出了"先验综合判断如何可能"的问题，全书围绕这一中心问题展开论述。

康德认为，一切知识都要通过分析判断和综合判断这两种逻辑判断表现出来。分析判断是把预先隐含在主词中的东西推导出来，它是先验的，具有普遍性和必然性。在综合判断中宾词预先是不包含在主词中的，综合判断没有普遍必然性。数学、物理学以及其他自然科学知识都不可能从主词中演绎出来，只能依靠经验才能得到。因此，它们表现为综合判断。但它们同时又具有普遍必然性，也就是先验性。

康德的研究就是要回答先验的综合判断是如何可能的问题。他从三个层面具体分析："纯粹数学是怎样可能的"、"纯粹自然科学是怎样可能的"和"一般形而上学是怎样可能的"。

在作者看来，知识有两个来源，一个是感官提供的经验内容，一个是头脑先天具有的理性认识形式。感官经验是杂乱无章的，是先验的理性认识形式使经验内容获得了秩序和联系，使经验具有了普遍性和必然性。由经验知识形成的综合判断因为有了先验的理性认识形式的作用，才使他成了先验的综合判断。

第一个层面"纯粹数学是怎样可能的"属于"先验感性论"。他认为，一切知识都从感性直观开始。数学是先天综合知识，它必须依据直观而且是先天的直观。当我们将直观中的经验因素抽去之后，所剩下的就是纯直观即直观的形式，这就是空间与时间。空间与时间不是事物自身的存在方式，而是主体的先天直观形式。唯其如此，我们才能说明数学知识的普遍必然性。他得出结论，数学作为先天综合判断所以可能，就在于它是经验与时空这种先验直观形式的结合。

第二个层面"纯粹自然科学是怎样可能的"属于"先验分析论"，这是关于知性的学说。康德的知性其实就是指主体对感性对象进行思维的能力，也就是主体运用概念进行认识的能力。作为自然科学的对象的自然是一切可能经验的总和，它当然服从经验的法则亦知性的先天认识形式。形式逻辑的判断表自亚里士多德以来已经相

↑曾被用于著作封面的康德漫画
从1781年开始，康德完成了《纯粹理性批判》、《实践理性批判》和《判断力批判》三部著作，这标志他的批判哲学体系的诞生，随之带来了一场哲学上的革命。

当完备了，然而它只能分析已有的知识，不能获得新知。因此，在这些判断的背后，必然隐含某种先天的要素对众多质料进行综合统一而形成新的知识。这就是知性纯概念或"范畴"——量、质、关系、样式4组12个范畴。这些知性范畴是纯粹概念，它们是先验的，是我们心灵思维对象的固定法则。知性判断是知识的一般原则，它是自然科学知识成为先验综合判断的条件。

第三个层面"一般形而上学是怎样可能的"属于"先验辩证论"。康德考察数学和自然科学的目的乃在于解决形而上学问题。感性直观与知性范畴相结合形成了先天综合判断，然而知识还需要调整成完整系统的体系，这就需要理性的作用。理性只能用有条件的相对的知性范畴，去研究绝对的无条件的理念知识。这样一来，理性必然陷入自相矛盾的二律背反。康德着重分析了宇宙理念论中的四对二律背反，从而证明人的认识能力是有限的，人类理性只能认识"现象"，不能超出"现象"去认识"自在之物"；所以，人类关于灵魂、宇宙、上帝的

理念只是一种辩证的幻象，是形而上学的假学问。他运用先验哲学证明了数学与自然科学的可能性以及历史上的形而上学的不可能性。对于形而上学，人们应该放弃使之成为理论知识而采取合理的信仰，也许它比知识更为有益。

## ::历史影响

在世界思想史上，《纯粹理性批判》率先把认识论和本体论分开、将哲学视作认识论并对其进行深入研究，它是近代西方哲学史上二元论、先验论和不可知论的代表作；预示着德国古典哲学发展到了另一个全新阶段。

由于康德只用了四五个月时间匆忙杀青，而且沉迷于哲理思辨，使得该书语言拗口晦涩，内容艰深难懂，文体冗长重复。作者调和了欧洲哲学史上唯理论和经验论、唯物主义和唯心主义、科学和神学的诸多观念，不经意中造成了该书的概念、结论未免有许多地方自相矛盾之处的作者所不愿意看到的事实。康德在该书所提出的哲学命题以及存在的矛盾，在西方哲学史上引起了长期的争论，促成了许多哲学流派和哲学家的诞生。

后来，他在此基础上写了一本"简明本"《未来形而上学导论》，由此建立了独具特色的批判哲学，不仅直接导致了德国古典哲学的产生，对西方现当代哲学产生了广泛深刻的影响。

随着当时全世界三大科学发现（细胞学说、能量守恒转化定律和进化论）的出现，康德哲学和其他科学成就为辩证唯物主义世界观的形成奠定了基础。

人们认为，康德以此书发动了一场哲学革命，但这场革命并不彻底。

→康德认为，事物如果不能为我们的身体器官所把握，也就不可能成为我们的经验。他举例说，在约翰·埃夫雷特·密莱司的画作《盲女》中，盲女可以欣赏协奏曲的乐声，"可以触摸女儿的手，闻到女儿的头发，却永远不能感受身后天空的彩虹"。

《精神现象学》主要论述了意识、自我意识、理性、精神、宗教、绝对知识这六种意识形态，就是精神在达到概念式知识（哲学知识）之前所经过的六个阶梯……

黑格尔哲学的独立宣言

# 精神现象学

著名的客观唯心主义的哲学家、唯心辩证法的集大成者黑格尔 1770 年出生在德国符腾堡公国首府斯图加特的一个税务官家庭。他少时聪颖勤奋，7 岁上斯图加特城小学，这时他开始显露出热爱知识的可贵品质，在以后的求学生涯中花大量时间钻研文学、历史、数学、哲学和教育学等方面科学知识，这为他以后思想体系的建立奠定了坚实的基础。1788 年秋，就读图林根神学院。此时，黑格尔深受法国大革命精神影响，猛烈抨击封建专制和宗教，表现了激进的资产阶级民主思想。大学毕业后，黑格尔先后在瑞士的伯尔尼和德国的法兰克福任家庭教师。1801 年，黑格尔在耶拿大学任编外讲师，后在歌德帮助下任副教授。1807 年，著《精神现象学》一书。1808 年至 1816 年，黑格尔任纽伦堡文科中学校长。此间发生了一系列重大政治事件：普鲁士资本主义改革、拿破仑失败、欧洲各国封建势力妄图复辟。而此时黑格尔的思想也日趋保守。1816 年 10 月，任海德堡大学哲学教授。1818 年 9 月，来到德意志文化中心、普鲁士首府柏林大学任哲学教授，从此声望日益名扬四方。1829 年，黑格尔当选为柏林大学校长。1831

←黑格尔像

德国著名的哲学家，绝对精神的布道者，在他看来，世界上的万事万物及其发展过程都是非物质性的，他的哲学所提出的自我意识成了这时期历史发展过程的顶峰。

年 11 月 14 日，因霍乱症病逝于柏林。

黑格尔的主要代表作有：《民众宗教和基督教》、《耶稣传》、《基督教的实证性》、《市参议员必须由公民选举》、《德国宪法》、《精神现象学》、《哲学全书》、《法哲学原理》、《哲学史讲演录》、《历史哲学讲演录》、《美学讲演录》、《宗教哲学讲演录》等。

黑格尔写作《精神现象学》时，法国资产阶级大革命已经进入尾声，德国资产阶级看到了法国无产阶级在革命中所显示出来的巨大力量而忧心忡忡。因此，德国资产阶级希望变革现实，发展科学技术、征服自然，加速资本主义发展步伐；黑格尔的唯心主义体系则反映了德国资产阶级不敢触动封建专制制度，图谋与封建贵族相妥协的保守主义立场。黑格尔哲学中存在着深刻的内在矛盾，正是德国资产阶级懦弱性和妥协性的特性在理论上的表现。黑格尔在大量阅读费希特、康德和谢林著作，广泛研究哲学、历史、政治等问题的基础上，发现了康德哲学、费希特哲学和谢林哲学的缺陷，一方面对他们的哲学展开批评，另一方面想确立自己的独树一帜的哲学体系，于是写作了独立宣言式的《精神现象学》。

## ::基本思想

《精神现象学》主要论述了意识、自我意识、理性、精神、宗教、绝对知识这六种意识形态，就是精神在达到概念式知识（哲学知识）之前所经过的六个阶梯。黑格尔将这六个阶梯分为三大阶段："意识"、"自我意识"和"理性"属于主观精神；"精神"为客观精神；"宗教"和"绝对知识"属于绝对精神。这六个阶梯中的每一阶梯又分为若干小阶梯。

### 关于真理是科学体系

在《精神现象学》中，作者始终把真理理解为一个过程。真理不是孤立的、静止的和片面的东西，而是存在于概念和事物的发展之中，是具体的有机的统一整体。真理不存在于直接知识，真理是通过自身的发展而达到的那种完满的本质。人们从直观知识到绝对知识（即科学或真理），要经历矛盾的发展过程或圆圈式的发展过程。人的意识的发展，从最初阶段"感性确定性"开始，到最后阶段"绝对知识"，是"绝对"自身发展的过程。真理与错误不是孤立、彼此隔绝的，真理是通过克服一系列错误而达到的。黑格尔认为，真理不是现成的、信手拿过就可以用的东西。我们在认识过程中很可能做出错误的认识，认识真理的过程是复杂的，真理与错误总是交织在一起，真理的发展过程就是不断克服，摒弃错误的过程。

### 关于个人意识

首先是作者的意识论。这里的意识是指在主观精神之内的意识。主体对客观对象的认识过程分为三个阶段：第一阶段是感性确定性，即关于个别东西的认识；第二阶段是知觉，即关于特殊东西的认识；第三阶段是知性，即关于对象共相的认识。感性确定性是意识发展的最原始的阶段，是最直接的感觉。这只能意会，不能言传。这是"纯有"。在"纯有"中也存在着差别，即主体与对象的差别。这种差别促使意识不能永久停留在意谓中的"这一个"，要追问"这一个"是什么。在知觉阶段，意识不仅仅意味到有"这一个"，而且主体还要认识到"这一个"是什么，认识客体的性质。知性就是对绝对共相的认识，它概括了所有的特质，进入到对象的内在本质，形成了概念。

作者认为，自我意识是对对象化的意识的摒弃，是意识的根据。自我意识只有在一个别的自我意识里才获得它的满足。人只有在人类社会中，通过对其他个体的关系才能表现出自己的存在，才能实现自己，才能成为真实的人。在自我意识这个阶段中，"自我"虽然向往自由，但要实现自己则又达不到自由；主体与客体具有统一的倾向，但又未达到真正的统一。因此，自我意识又向理性阶段发展。

理性是自我实现自己，寻求自由、走向主客观统一的重要一步，意识返回到了它的自身，它确知一切实在不是别的，正是它自己；它的思维自身直接就是实在，它一向对于他物的否定态度就转化成为一种肯定态度。理性的进展又分为三个阶段：观察的理性；实践的理性和自在自为地实在的个体性。

### 关于社会意识

个体性要想真正实现自己，找到自身的真正普遍的内容，只有到社会中去。社会是个体性与普遍性的统一。作者联系欧洲的社会历史论述了客观的精神世界，即社会意识的发展。

黑格尔认为，古希腊民主制中存在的是真实的精神。那是一个精神尚未发生异化的伦理王国，个人意识与社会意识融为一体，当时的社会处于和谐平静的状态。当然，也存在着家庭与国家的矛盾。后来，统治者与人民群众矛盾的结果使精神发生异化，进入自身异化了的精神阶段。这时候，精神从自身内异化出来，从而对现实世界感到格格不入，感到世界是异己的。精神异化的过程，既是实体主体化的过程，也是个人的"教化"或"教养"过程。一个人要"教化"自己，使自己成为一个有价值的人，就必须把自己当作社会的人而实现于现实社会关系之中，使自在的东西成为被人承认的东西，成为确定的具体存在。

黑格尔把当时的德国社会看作精神发展的最后阶段，即对其自身具有确定性的精神阶段。"精神"从异化状态回复到自身，实体变成了主体，每个人的行为与共体的行动都是一致的，异己的感觉得到了克服。绝对自由也从它那摧毁着自己本身的现实王国过渡到另一个有自我意识的精神的王国，这就产生了新的意识形态道德精神。

### 关于绝对意识

在黑格尔看来，以上所述都没有达到绝对完满的境地，都还是直接的精神。只有在"宗教"和"绝对知识"的形态中，意识才以无限的、无所不包的"绝对精神"、"绝对理念"为对象，意识本身才发展成"绝对精神"，使主体与客体达到了最终的统一。宗教是以表象的形式认识"绝对精神"的意识形态，它经历了"自然宗教"、"艺术宗教"、"天启宗教"三个阶段。"绝对意识"发展的最高阶段是"绝对知识"，它用"概念"来把握"概念"，以达到手段与对象或形式和内容的直接统一。

《精神现象学》最后的结论是："没有什么被认识了的东西不是在经验中的"，自我意识即是对象，对象即是自我意识，实体即主体。

## ∷历史影响

马克思曾撰文称："精神现象学是黑格尔哲学的真正起源和秘密。"

《精神现象学》是黑格尔哲学的独立宣言，它标志着黑格尔哲学的产生。在这部著作中，他不仅批判了康德、费希特的主观唯心主义，而且也与谢林客观唯心主义的"绝对同一"说划清了界限，从而确立了自己哲学的最基本的概念。《精神现象学》包含着黑格尔后来全部哲学的雏形、萌芽和主要观念。

《精神现象学》也是打开黑格尔哲学体系奥秘的钥匙。这个奥妙即是神秘外壳中所包含的合理内核，即作为推动原则和创造原则的否定性的辩证法。后来，马克思和恩格斯在创立马克思主义哲学时，批判地吸取了黑格尔的辩证法思想，并使之与唯物主义有机结合，从而建立了科学的哲学体系。

人口理论的创立

# 人口原理

    1766 年，托马斯·罗伯特·马尔萨斯出生于英国马凯里。其父曾在牛津大学女王学院学习，与卢梭相识，据说曾是卢梭遗嘱的执行人。马尔萨斯从小受到良好的家庭教育，后入牛津大学，获得文学学士学位。

    1793 年，英国当时著名的社会哲学家戈德温发表了《论政治上的公正》一书，马尔萨斯父子进行了热烈的讨论，决定提出自己的不同看法。1798 年，英国伦敦爆出了一则轰动一时的新闻，一本匿名出版的小册子《人口原理，对于社会将来进步的影响，反对戈德温、孔多塞及其他作家思索的评论》引起社会各界的强烈反响。人们很快就弄清了：小册子的作者就是教区牧师马尔萨斯。1799 年，马尔萨斯到欧洲大陆各国考察，为人口研究提供新的资料。1800 年，他写出《当前粮价太高原因的探讨》，同意把人口问题同社会现实更多的联系起来。1803 年，他署名出版了《人口原理》的第三版，书名改为《人口原理或关于过去或现在人口对人类幸福的影响的意见》，沿袭了初版的所有原理，增加了新的内容。1817 年，马尔萨斯修订《人口原理》，增加了地租论的内容。

    他的重要著作还有《政治经济学原理》（1820）等。他是法兰西学院的会员，1823 年当选为道德和政治科学院五名外籍会员之一；他还是柏林科学院成员。1834 年 12 月，马尔萨斯死于突发的心脏病。

    18 世纪以来，工业革命的迅猛发展，促使英国经济空前高涨，国民财富激增，使英国成为西欧最先进的资本主义国家之一。但与此同时，英国的人口也迅速的增加，广大工农群众生活状况急剧恶化，失业和贫困日益成为英国严重的社会问题。18 世纪 80 年代，法国所发生的大革命波及英国，促进了英国劳动大众反抗斗争的热情。在此背景下，马尔萨斯提出了人口理论发展史上著名的"人口控制学说"。

## ∷基本思想

  马尔萨斯基于他自己发现的"食物为人类生存所必需的"和"两性间的情欲是必然的"这两条"永恒法则",提出并论述人口学说。他认为,人口增殖的能力比土地生产生活资料的能力要大得多。如果没有减少人口的原因,那么人口就将会很快增加;人口如不受限制,则每25年就会至少增加一倍或按几何级数增加。而食物增长受土地的限制,即使在最有利的人类劳动的条件下,食物生产的增加,每25年只能以算术级数增加。法则要求两者保持平衡,所以,必须通过抑制人口来校正这种不平衡。

↑作为著名的经济学家,马尔萨斯在《人口原理》中的悲观理论引起了激烈的争论,他本人也因此成为各国经济学家们关注的焦点。

  对人口抑制分为两类:一是积极抑制,即通过包括由罪恶和苦难而产生的会缩短人的寿命的各种原因,如各种脏累的职业或劳动、极度贫困、疾病、传染病、饥荒、瘟疫、战争等来提高人口死亡率以减少人口;一是预防抑制,也称道德抑制,就是用理性约束人们不结婚、晚婚和严守性道德的办法来降低人口出生率以限制人口增长。马尔萨斯收集到了世界各地对人口的抑制的材料,并把它们归纳为3个命题,即:人口增加必然为生活资料所限制;除非受到某种非常有力而显著的抑制的阻止,人口一定会坚定不移地随生活资料的增长而增长;这些抑制以及那些遏止人口优势力量并使其结果和生活资料保持同一水平的抑制,可以归纳为道德的抑制,罪恶与贫困。这些就是马尔萨斯所说的支配人类命运的人口自然法则的基本内容,也是马尔萨斯主义的主要观点。

  马尔萨斯认为,财产私有制是人口自然法则作用的结果,失业和贫困并不是社会制度造成的,它们也是人口自然法则作用的结果,任何社会改革都不可能消除人口自然法则的压力。在马尔萨斯看来,实行平等制度是不可能成功的;在平等制度和财产公有的情况下,实行婚姻自由,改善和提高了人们的生活水平,就势必会刺激人口增加,但生活资料的增长总是有限度的,即使建立起平等的社会制度也必然会夭折。

  作者高度赞扬了私有制,认为它是发展人类的能力和智慧,只有私有制才会激励人们努力，才会使人们出于自身利益的考虑，自然地限制早婚，自动抑制人口繁殖，而不致生过多的子女。在公有制社会，用人为的法律制度来限制早婚，这种人为的制度必然比私有财产制度加在每个人身上抚养子女的道德责任所造成的手段还要残酷得多，不近人情得多。

在《人口原理》中，马尔萨斯极力反对英国当时实行的济贫法。他认为，济贫法不但不会解脱穷人的苦难，而且会使穷人的状况更恶化，会更助长贫民的不节俭习气，只顾眼前，不顾长远，一句话，穷人没有被救济的权利。

马尔萨斯极力说明，劳动大众的贫困和失业人口增加过快，而与资本主义私有制无关。他认为，资本主义生产方式下所造成的劳动大众的贫困和失业，是适用于人类社会各个历史时期的基于人性的普遍的人口规律发生作用的结果。他进而肯定，资本主义私有制是永恒的人口规律发生作用所形成的最好制度；只有这种制度，才能使人口增加受到自然的限制，才能改善人类的德行，使人类得到最适当的发展。

马尔萨斯还把极其复杂和变化多端的人口问题归结为简单的两个等式，一是人口的自然繁殖；二是植物（或生活资料）的自然繁殖，即把历史上不同的关系变成一种抽象的数学关系，这是硬把二定数量的人同一定数量的生活资料联系在一起的理论。实际上，任何社会都不会直接按人口来分配生活资料或物质生产资料，人口仅仅作为劳动力用不同方式从社会那里获取生活资料以维持自己和家庭的生活，他所取得的生活资料的数量只取决于其所处的生产方式的性质以及劳动者在该生产方式中所处的地位。而人口的状况则完全取决于社会生产力发展水平以及同它相适应的特定的社会生产关系。马尔萨斯把人类社会同动植物界等同起来，抽象地从人的情欲中引申出所谓永恒的自然的人口规律，这些理论显然也是荒谬的，这抹杀了社会生产方式对人口规律所起的作用。事实证明，在整个人类社会发展中，并不存在人口增长总快于生活资料增长的绝对规

| 国家、地区 | 1500 年 | 1600 年 | 1700 年 | 1800 年 |
|---|---|---|---|---|
| 西班牙 葡萄牙 | 9.3 | 11.3 | 10.0 | 4.6 |
| 意大利 | 10.5 | 13.3 | 13.3 | 18.1 |
| 法国（包括洛林萨伏伊） | 16.4 | 18.5 | 21.0 | 26.9 |
| 尼德兰 | 1.9 | 2.9 | 3.4 | 5.2 |
| 不列颠群岛 | 4.4 | 6.8 | 9.3 | 15.9 |
| 瑞典、挪威、丹麦 | 1.5 | 2.4 | 2.8 | 3.2 |
| 德国 | 1.5 | 2.4 | 2.8 | 3.2 |
| 瑞士 | 0.8 | 1.0 | 1.2 | 1.8 |
| 俄国 | 9.0 | 15.5 | 17.5 | |
| 共计 | 65.8 | 86.7 | 93.5 | 110.2 |

↑ 1500～1800 年欧洲人口简表

1500～1800 年，欧洲人口增长达 40% 左右，尽管在 17 世纪西班牙、意大利南部一些地区和德国中部地区出现了人口负增长，但这一时期欧洲的人口增长仍然呈上升趋势。上图是这一时期欧洲主要国家的人口统计略表（以百万为单位）。

律,人类科学技术的进步会使生活资料增长速度超过人口增长速度。历史也证明,每一种特殊的历史的生产方式都有其特殊的历史地起作用的人口规律,抽象的人口规律只存在于历史上还没有受过人干涉的动植物界。马尔萨斯描绘的失业、贫困、罪恶事实上都归咎于资本主义社会存在的特殊现象,而不是人口增长超过生活资料的结果。马尔萨斯的错误在于用抽象的人口规律来代替对特定的生产方式的人口规律的分析,用以掩盖资本主义社会失业和贫困的真正根源,这些是典型地宣扬人与人的不平等,践踏了人权。

## ::历史影响

尽管在马尔萨斯之前,已有人提醒人们注意人口过剩的问题,但他把前人的一些零碎的人口思想进行了归纳和整理,融入了自己的思考,从而形成了一套独具特色的理论体系。他从理论上界定了一些基本的人口学范畴,创造了许多人口学的研究方法,用自己的努力奠定了近代人口学的发展基础。《人口原理》对现代、当代乃至未来人口理论和实践的发展,都产生了并将继续产生重要而又深远的影响。

↑马尔萨斯《人口原理》汉译本

马尔萨斯的人口理论,开辟了一个新的时代,直接推动了计划生育这种现代人口控制方法的推广,为后世一些国家将计划生育作为一项国策奠定了思想基础。

1822年,在《人口原理》的启发下,英国改革家弗朗西斯·普莱斯写出了一本提倡用避孕的方法来控制人口增长、防止人口过剩的书;10年后,美国人查尔斯·诺尔顿博士也出版了一部采用避孕方法控制人口的书。19世纪60年代,全世界第一个"马尔萨斯同盟会"宣告成立。印度成了第一个由政府推行计划生育的国家。目前,各种形式的计划生育运动在全球方兴未艾,甚至还成立了"国际计划生育联合会"。

马尔萨斯的人口原理促成了马克思主义人口学的诞生。马克思和恩格斯直接或间接地批判过马尔萨斯的人口原理,但同时也吸收了某些可取的合理因素。

马尔萨斯的人口理论还影响着生物学的研究。人口理论帮助查理·达尔文打开思路,从而提出了生存斗争学说,为他的进化论提供了一个重要环节。

唯意志主义是一种主张意志为万物本原或本质，意志高于理性的唯心主义的非理性主义学说，产生于 19 世纪 20 年代的德国，流行于德、英、法和北欧等国……

## 孤独地竖起非理性主义旗帜

# 唯意志主义

唯意志主义是一种主张意志为万物本原或本质，意志高于理性的唯心主义的非理性主义学说，亦称意志主义，最初产生于 19 世纪 20 年代的德国，流行于德、英、法和北欧等国。

文艺复兴以后，西方世界就进入了以工业文明为主要标志的资本主义阶段。在一大批科学家的努力下，人们深刻地认识到自然界的各种规律，极大地增强了征服自然、支配自然的信心。自然科学服务于资本主义，这只是它满足了物质上的需要，得到哲学上的支持，则是它精神上必不可少的条件。实际上，近代资产阶级哲学一直是积极地为此提供支持。经验主义、理性主义等等都拼命寻找可靠知识的根据，力求精确地把握认识对象。也正是在此种情况之下，人们对科学技术的巨大威力深信不疑，对科学的崇拜五体投地。

↑叔本华像

叔本华是新的生命哲学的先驱者，他从非理性方面来寻求哲学的新出路，提出了生存意志论。他对人间苦难很关注，被称为"悲观主义哲学家"。他所开启的非理性哲学对后世思想发展影响深远。

但同时，人们也已意识到：科学技术在高度发展的同时过程中却在不断的异化就像国家、社会制度一样，在人类完成了创造之后，成了一种对人异在的客观力量，反过来又极大的束缚着人的活动，窒息着人的生存的价值和意义。

唯意志主义就是作为这种思想的对立物出现的。唯意志主义的代表人物有德国的叔本华、哈特曼、尼采，法国的居约、布持鲁，丹麦的克尔凯郭尔等人，其中以叔本华、尼采的影响最大。

以悲观主义哲学家闻名于世的叔本华 (1788 ~ 1860) 诞生于波兰的但泽市，5 岁时全家迁往德国的汉堡市。他从小喜欢凝思，性格十分孤僻。1809 年入哥廷根大学，2 年后转入柏林大学，对印度哲学和佛教理论有浓厚兴趣，这对他以后思想的形成产生很大的影响。叔本华的唯意志主义，是 19 世纪 50 年代德国资产阶级革命失败后灰心失望情绪在哲学上的反映。叔本华认为，科学和理性只能认识事物的表象，而非理性的直觉才能认知人们的意志世界。意志的本质是盲目的欲望，人的欲望得不到满足时会感到痛苦，得到满足后又会觉得无聊，因此，人生的两大因素就是痛苦和无聊。

作为唯意志论哲学的创始人，叔本华抛弃了德国古典哲学的思辨传统，力图从非理性方面来寻求新的出路，提出了生存意志论。认为要摆脱痛苦的途径只有一条，就是抛弃欲求，否定生存意志。他认为，一个人可以通过艺术创造和欣赏来暂时解脱痛苦，但最根本的解脱办法是，进入佛教的空、无的境界。他著有《作为意志和表象的世界》、《论自然意志》、《伦理学的两个根本问题》等著作。

1848 年革命失败后，叔本华的哲学一改往日的沉迷，受到了人们极大的欢迎。叔本华也因此声名大振、引起社会的注目。在他 70 寿辰时，以致许多原本对他十分鄙视的资产阶级著名人物都转而对他颂扬备至，称他为"伟大"的哲学家。19 世纪 50 ~ 60 年代，叔本华的生存意志论也走向德国各大学的讲坛，成了最主要的讲授内容。

## ∷唯意志主义代表尼采

以强力意志哲学闻名于世的尼采 (1849 ~ 1900) 诞生于德国的勒肯镇的一个牧师家庭。自幼聪慧过人，但性情孤傲。曾先后就读于波恩大学和来比扬大学。1965 年，获读叔本华的《作为意志和表象的世界》，这本书对他影响很大。他后来回忆说，这部书是专为他而写的。尼采是叔本华意志主义的直接继承者，对其主张进行了发展：一是把叔本华的生存意志改为权力意志；二是把叔本华的消极的悲观主义改造为积极的行动主义。他的著名的权力意志和超人学说就体现了这种特点。

尼采的唯意志主义又称"权力意志"，它形成于 19 世纪 70 ~ 80 年代，此时，西方主要资本主义国家开始过渡到帝国主义。尼采以他敏锐的眼光察觉到原来为社会所奉行的制度、秩序和道德观念所面临的危机。为解决在传统价值全面崩溃的时代，人如何重新确立生活的意义的问题，他提出以非理性作为解决的办法，更加旗帜鲜明地举起了非理性主义的大旗。尼采以"上帝死了"这样的描述来指明欧洲当时信仰危机、价值真空的严重性，形象地告诫，人必须自己来为自己和生活探索一种意义，以求使人在精神上获得了大自由；"权力意志"：认为权力意志就是世界的本质，生命本身也是权力意志，意志本身就是内在的强力，生命的本质在于强力，追求并体验这种强力，也就实现了生命的意义；"超人"：尼采宣扬人与人之间的不平等，认为超人高于人类，是人类的理想，能够使人类的生存获得

↑尼采与亲朋在一起

尼采曾经写到"有些人是死后才出生的"，对尼采本人来说确实如此，如果没有尼采，20世纪的哲学、神学和心理学的历史就会难以理解。德国哲学家M.谢勒、K.亚斯贝斯和M.海德格尔，都曾在他的影响下进行工作，20世纪最伟大的思想家M.布贝尔说尼采是他一生中所受的三大影响之一。

意义；"重估一切价值"：尼采断言，人的本性是恶的，他完全否定传统的道德观与是非标准，要求根本改变人类的价值观念，以权力意志为尺度重估一切价值，最大限度地发挥个人的生命力。

尼采的主要著作有《悲剧的诞生》、《查拉斯图拉如是说》、《朝霞》、《偶像的黄昏》、《瞧，这个人》、《强力意志》（未完成稿）等。

尼采也由于他超出常规的生活和超越世纪的思想，使他无法得到同代人的理解。尼采生前感到十分孤独，认为他的著作是给未来时代的人写的。或许这正如他自己所说："我的时代还没有到来。有的人死后方生"，是由于"我事业的伟大性和我同时代人的渺小性之间的悬殊"。在不同的派别中，尼采的思想受到完全不同的待遇。纳粹文人把尼采当成法西斯主义思想的先驱。希特勒更是把《尼采全集》当作礼物送给墨索里尼。但反法西斯主义者对他进行批判、强烈谴责。

## ::历史影响

尽管唯意志主义哲学存在着这样那样的缺陷，但是作为时代的产物，它其中包含着许多有益的成分，不仅为当时的学者所吸收，也为后世的学人所注意。叔本华和尼采的唯意志主义哲学，在理论上对现代西方哲学的许多流派都产生了较大的影响，被有些人奉为20世纪的先知。它第一次把人的意志作为哲学的核心概念，并看作是万物的本原，进而从人的意志出发，对人的认识、人的价值、人生的意义、人性之善恶等问题做出了自己的回答和解释，明显地表现出非理性的特征。他们对人的精神活动中非理性成分的关注与探讨，确实又拓宽了哲学认识论研究的范围。这与以后西方出现了一系列的非理性主义哲学流派，其中最重要的要算存在主义、生命哲学和精神分析学派的产生有着很大关系。

唯意志主义对美学和文艺学产生了很大影响。19世纪是一个探寻形式的时代，一个追寻艺术的形式理性，并企图以这种新理性取代传统理性的时代。在唯意志主义哲学的影响下，传统上任何一种艺术概念，都受到极富创造力的现代艺术家们的挑战。艺术家们似乎无时无刻不在企图打破旧有的形式，创造属于自己的形式。

20世纪初，唯意志主义传入中国，为当时的一些进步思想家所接受。但当他们接受了马克思主义后，便转而批判叔本华、尼采了。以后，唯意志主义在中国又几经变迁，20世纪80年代，随着改革开放的进行，中国又曾掀起过一阵叔本华、尼采热。尼采作为近代欧洲哲学史上的一位个性鲜明的人物，近代哲学史上少有的怪杰。他超出常规的生活和生活方式、超越常人的思想，强烈地吸引着猎奇的青年学生，在中国大学的校园里还出现了尼采热，这股思想至今还有相当的影响。

对于叔本华和尼采唯意志主义哲学，我们应采取客观分析的态度，对于其中唯心主义世界观、价值观、人生观，我们应该予以坚决的批判，彻底的清除消极影响。

↑《查拉斯图拉如是说》封面

《查拉斯图拉如是说》被公认为以圣经故事体形式所写的文学和哲学杰作，中译本由北京文化艺术出版社1987年出版，全书近26万字。尼采本人评价此书说："纵然把每个伟大心灵的精力和优点集合起来，也不能创做出《查拉斯图拉如是说》的一个篇。"

求实、进取、创新的美国精神

# 实用主义

实用主义是当代西方影响最大、流行最广的哲学流派之一，它产生于 19 世纪 70 年代的美国；20 世纪上半叶，随着美国政治、经济力量的发展，广泛流行于西方世界，甚至在一些殖民地、半殖民地国家亦有很大影响，很快成为一种世界性的哲学思潮。

实用主义之所以能够在美国产生，并在其后的很长一段时间内成为美国生活方式的主要思想基础，这是与美国资本主义发展及其所形成的民族传统密切相关的。

美国自从 18 世纪末摆脱英国殖民统治，建立资产阶级共和国后，全力发展自己的经济，它没有强大的封建势力的阻挠，不受国家、君主、教皇以及其他各种力量的限制和旧的传统的束缚，可以自由大胆地实现个人的发展，达到成功的目的。由此逐渐形成一种不拘泥于旧传统、不屈从权威的独立自主精神，强烈的竞争意识、勇于探索的冒险精神、自强不息的拼搏精神和面向实际注重实效的实干精神，通过法律，确立了独立、自由、平等的原则。美国的资本主义顺利地发展起来。资产阶级可以毫无顾忌地从事商业投机和产业竞争，扩张自己的地盘，可以自由放任地去追逐个人的发展、成功、利益、效用。这就是为西方社会所广为称道的"美国精神"。这些思想观念是在美国独特的社会历史条件下，在美国式的社会实践中形成的。这些思想观念为实用主义的产生和发展提供了社会思想基础。随着美国在世界上的崛起，强烈要求新的思想指导美国人的实践，美国土生土长的实用主义产生了。

同时，除了传统的因素，自然科学在美国的发展以及美国资产阶级对待自然科学的态度也是分不开的。19 世纪下半叶至 20 世纪初，自然科学的迅速发展，加快了知识更新的速度。许多过去认为永恒不变的科学定律、理论,纷纷被推翻,新的理论层出不穷。特别是达尔文的生物进化论和现代心理学的产生,更是直接的促发了实用主义的产生。

## ∷基本思想

实用主义继承和发展了古希腊的"变化哲学"和欧洲近代所产生人道主义、科学理性主义的思想、英国的经验主义哲学,是现代西方反对思辨哲学潮流中的一个组成部分,与现代西欧哲学是紧密联系的。实用主义延续了近代西方哲学的传统,企图在反对"形而上学"和"二元论"的旗帜下,通过对物质和意识何者第一性这个哲学基本问题的回避,使自己的哲学"超越"于唯物主义与唯心主义之上,力图在哲学上走"第三条路线"。尽管它们宣称自己是"全新的"、最"全面"、最"公正"的哲学,是既反对唯物主义又反对唯心主义。但就其实质来说,是以唯心主义为其共同特征。

实用主义强调哲学要立足于现实生活,把确定信念作为出发点,把采取行动当作主要手段,把获得效果当作最高目的。这些主张得到资产阶级的欢迎,在美国甚至获得半官方哲学的显赫地位。实用主义是美国哲学的代表,美国前国务卿基辛格博士就非常推崇实用主义,他认为实用主义是"美国精神",实用主义培养了美国人宝贵的求实精神和进取心。一些美国哲学家认为,美国社会生产力和科学技术的高度发展,与实用主义主张的求实、进取和创新精神是分不开的。

## ∷实用主义"三巨头"

实用主义的代表人物有皮尔士、詹姆士、杜威。

皮尔士(1839～1914)年是实用主义的创始人,美国的唯心主义哲学家。1898年开始,皮尔士开始从事哲学活动,主要进行科学哲学方法研究。在1871～1874年间,他在哈佛大学组织了一个名为"形而上学俱乐部"的哲学协会。这个协会后来成了实用主义的发源地。皮尔士以实用主义理论为基础,创立了一种新型哲学,

↑皮尔士像

他把自己的实用主义称为真正的实证主义。1878年，他发表了《信仰的确定》和《怎样使我们的观念明确》，阐述了自己实用主义的哲学主张。但是皮尔士的思想艰深，难以为当时美国社会所接受。

詹姆士（1842～1910）是实用主义的奠基人，把实用主义通俗化并使它成为一个哲学运动。1898年，詹姆士做了题为《哲学概念和实际效果》的著名讲演，在讲演中他称皮尔士为实用主义创始人。从此，皮尔士的名字才为人们所知道。詹姆士在继承皮尔士基础上，把实用主义发展为系统的主观唯心主义，将皮尔士的实用主义方法论原则系统化和理论化。他主张彻底的经验主义，认为经验不再是构造的经验，而是纯粹的经验，这种纯粹的经验是世界的原素材；关于真理，詹姆士提出了著名的"真理就是游泳，有用就是真理"公式，在此基础之上，他否认了物质支配世界与精神支配世界的差别，并说传统哲学上关于唯物主义与唯心主义之间的争论，属于毫无意义的形而上学之争。由此，他进一步主张实用主义的方法，要改变哲学重心的位置，不要把原理看得那么重要高尚，真正应该看重的是实际的效果。除此之外，詹姆士还通过实用主义哲学直接影响了机能主义心理学，所以他常常被看作美国机能主义心理学的先驱。

↑詹姆士像

使实用主义进一步发展的是杜威。杜威（1859～1952）美国著名的哲学家、教育学家，实用主义的集大成者。他生于美国佛蒙特州的伯灵顿，就读于该州州立大学，1884年获得博士学位。先后在密执安大学、明尼苏达大学、芝加哥大学和哥伦比亚大学任教。随着科学技术对社会的影响的加剧，杜威敏锐的觉察到要在哲学舞台上立足，必然要使自己的哲学适应

↑杜威像

美国当代著名教育家，实用主义的集大成者，他发展充实了实用主义，他提出的一些实用主义原则及其理论至今仍是美国资产阶级及其代理人的思想指导和行为准则。

科学的发展趋势，与科学紧密地相结合。因此，他不仅把实用主义理论系统化，而且把它运用到社会、政治、道德和教育等科学的各个领域，竭力使实用主义更具有科学的色彩，是实用主义达到了繁荣鼎盛的时期。

1919年五四运动时，杜威曾到过中国，在北京、上海等地作了一系列有关实用主义的讲演，传播实用主义。

## ::历史影响

经过实用主义三巨头的努力，实用主义迅速风靡欧美。20世纪初，在英国出现了以席勒为代表的实用主义思潮。在意大利也出现了以瓦拉帝和帕比尼为代表的实用主义思潮。在法、德、奥等国，虽然影响相对较小，但也出现了一些哲学流派在理论上也与实用主义接近。不仅如此，实用主义广泛地影响到社会的各个领域，教育领域尤为明显。

第二次世界大战以后，特别是杜威死后，实用主义在理论上的发展趋向终结，其地位逐渐被逻辑实证主义等哲学流派所取代。然而，实用主义的一些基本原则，仍为美国资产阶级及其代表人物作为指导自己思想和行为的准则，当前在美国和西方世界仍有很大影响。

虽然当代实用主义在美国哲学中的地位开始有所下降，但实用主义的一些基本原则已被美国资产阶级及其各种代表人物当作思想和行动的准则。一些后起的哲学流派，虽然声势很大，从实际影响说，它们都无法同实用主义相比。尤其是最近二三十年来，在美国哲学中特别是在美国分析哲学中，又兴起了一股回复到实用主义的思潮。

实用主义是旧中国影响最大的西方哲学流派，它在中国的主要代表是胡适。20世纪20年代初期，杜威应胡适邀请来华。在华期间，到过多个省市，发表讲演上百次，一时间，实用主义名噪一时。从"五四"前后开始，胡适写了大量论著宣传实用主义。新中国成立后，50年代中期，我国开展了对胡适实用主义思想的批判。改革开放后，实用主义思潮在我国一些人中再度流行起来。

# 马克思主义的"百科全书"

恩格斯详细地阐明了马克思主义哲学的基本原理，恩格斯第一次明确提出世界的真正的统一性是在于它的物质性的基本原理。他还详细论述了马克思主义哲学的运动观和时空观……

# 反杜林论

　　1820 年 11 月 28 日，马克思主义的创始人之一、无产阶级革命运动的精神导师，人类历史上最伟大的思想家之一恩格斯出生于德国莱茵省的一个富裕商人家庭。中学尚未毕业就开始从事商业经营活动。恩格斯于 1843 年和马克思认识，1844 年因在马克思主办的《德法年鉴》上发表了《政治经济学批判大纲》一文，从此和马克思成为事业上的合作伙伴与亲密战友。1844 年和马克思合作创作了《神圣家族》一书，开始创立马克思主义的世界观，1846 年和马克思合作创作了标志着马克思主义诞生的《德意志意识形态》一书，1848 年 2 月和马克思合作创作的《共产党宣言》问世，标志着马克思主义和工人运动直接结合。1848 年革命失败以后，恩格斯到了英国，此后长期在英国的曼彻斯特从事商业经营，他从物质和精神上极大地支持了马克思的经济学研究。

　　19 世纪的 70 年代，恩格斯在领导工人运动的同时，进行了马克思主义的宣传工作，他创作了《自然辩证法》、《反杜林论》等。1883 年马克思去世以后，恩格斯一方面积极领导国际工人运动，另一方面整理和出版马克思的遗著，先后编辑出版了马克思的《资本论》第二、三卷，同时恩格斯还创作了大量的马克思主义的著作，如《家庭、私有制和国家的起源》、《路德维希·费尔巴哈和德国古典哲学的终结》等马克思主义著作。恩格斯还出色地领导了第二国际的成立和发展。1895 年在英国伦敦去世。

　　19 世纪 70 年代，马克思主义已经在工人运动中得到了广泛的传播，正在成为工人运动的指导性的理论，这个时候，特别需要把马克思主义哲学以通俗的形式向工人阶级解释，作为马克思主义创始人之一的恩格斯就担负起这个历史的重担。在 19 世纪的 70 年代，恩格斯开始系统地总结马克思主义 30 年来发

↑马克思和恩格斯对第一国际的成立起到了重要的指导作用，同时他们也非常重视报纸在革命宣传中的重要作用。

展的理论成果，对马克思主义作系统和详尽的阐述。另一方面，各种非马克思主义的思想在工人运动中还有很大的影响，它们对马克思主义进行了种种曲解，这也需要马克思主义的创始人进行批判，以树立马克思主义在工人中的正确的观念，正确地指导各国无产阶级的斗争。《反杜林论》正是适应无产阶级革命运动这一客观需要的产物。《反杜林论》成书的直接原因，是批判小资产阶级社会主义理论家杜林对马克思主义的篡改。杜林在 19 世纪 60 ～ 70 年代先后发表了《国民经济学和社会主义批判史》、《国民经济学和社会经济学教程，兼论财政政策的基本问题》、《哲学教程——严密科学的世界观和人生观》等著作，向马克思主义发动了猖狂的进攻，妄图以杜林主义取代马克思主义，并在德国工人运动中产生了极坏的影响。为了粉碎杜林对马克思主义的猖狂进攻，维护德国党在马克思主义基础上的团结和统一，在马克思的坚决支持和直接参加下，恩格斯用了两年时间，写作《反杜林论》，批判了杜林的机会主义谬论，系统地阐述了马克思主义哲学、经济学和科学社会主义理论。

## ∷基本思想

《反杜林论》是一部马克思主义的"百科全书"，它系统地论述了马克思主义的三个组成部分，展现了一幅马克思主义的全景画面。全书共有一个导言，三大卷，导言卷讲述马克思主义哲学内容，第二卷讲述马克思主义政治经济学内容，第三卷讲述科学社会主义内容。

在第一卷中，恩格斯详细地阐明了马克思主义哲学的基本原理。恩格斯第一次明确提出世界的真正的统一性是在于它的物质性的基本原理。他详细论述了马克思主义哲学的运动观和时空观。运动是物质的根本属性，无论何时何地，都没有也不可能没有不运动的物质。运动和物质本身一样，是既不能创造也不能消灭。对于运动与静止的辩证关系，恩格斯指出，运动表现在它的反面——静止中，运动是绝对的，静止和平衡是相对的；个别的运动趋向于平衡，总的运动又破坏平衡。

恩格斯指出，时间和空间是物质世界所固有的基本存在形式，时间以外的存在和空间以外的存在，都是不可能的。现代唯物主义概括了自然科学的最新成就，自然界也有自己的时间上的历史，天体和在适宜条件下存在于天体上的有机物种一样是有生

↑指引共产主义运动前进的纪念碑
在欧洲各国，有许多这样的纪念碑，这些纪念碑主要纪念马克思、恩格斯和列宁等伟大的无产阶级革命导师。

有灭的；至于循环，即使它能够存在，也具有无限加大的规模。在这两种情况下，现代唯物主义都是本质上辩证的而且不再需要任何凌驾于其他科学之上的哲学了。辩证唯物主义自然观的第一个基本的观点是发展的观点，任何事物都是处在不断的发展变化之中的。第二个基本观点是联系的观点，自然界、人类历史和人们的精神活动，都是彼此联系和相互作用的。

系统地阐述了马克思主义认识论的基本原理，特别是认识论的辩证法，进一步丰富和发展了马克思主义的认识论。唯物辩证法是关于自然、人类社会和思维的运动和发展的普遍规律的科学，唯物辩证法是科学的世界观和方法论，而不是单纯证明的工具。恩格斯对唯物辩证法的三大规律作了全面地系统地阐述，论证了唯物辩证法基本规律的客观性和普遍性。

在第二卷中，恩格斯阐明了马克思主义政治经济学的基本理论。他论述了生产、交换、分配的辩证运动的一般规律。社会的进步和繁荣是以生产的进步和繁荣为基础的。阶级的产生和存在，是社会生产发展到一定阶段的产物，它们也将随着社会生产力的不断发展，而逐步地退出历史的舞台。剩余价值理论

是马克思的伟大发现之一，这一发现使政治经济学成了真正的科学。

在第三卷中，恩格斯总结社会主义理论的历史发展的经验，阐明科学社会主义学说的基本理论。恩格斯详细地分析了资本主义社会的基本矛盾，指出了无产阶级革命斗争的方向和前途。恩格斯对未来社会的主要特征进行了预见和描述。无产阶级取得国家政权并以社会名义占有全部生产资料，这样一来它就消灭了作为无产阶级的自身，消灭了一切阶级差别和阶级对立，也消灭了作为国家的国家。未来社会将实行有计划的生产和分配，不存在商品生产、商品交换和货币。恩格斯认为，未来社会将消灭城市与乡村的对立和实现人的全面发展。

# ::历史影响

《反杜林论》在马克思主义发展史上，第一次揭示了马克思的各个组成部分在总联系中的地位，阐明了各个组成部分之间的内在联系。

《反杜林论》是第一次对马克思主义三个组成部分所做的系统阐述。马克思主义从19世纪40年代问世，首先以系统理论形态出现的是马克思主义哲学，特别是历史唯物主义，然后是马克思主义的政治经济学。科学社会主义理论首先在《哲学的贫困》和《共产党宣言》中问世，然后以《资本论》第一卷的出版而得到丰富和完善。因此，从马克思主义三个组成部分的产生和发展来看，有先有后，但又是相互作用，混合生长的。到了70年代，将马克思主义的三个组成部分作为一个完整的学说进行系统的论证和阐发，就成为马克思主义学说自身逻辑发展的客观要求，《反杜林论》正是担负了这一历史任务，把马克思主义推进到一个崭新的阶段。

《反杜林论》一书对马克思主义的进一步发展具有巨大的历史作用。它所建立的马克思主义的理论体系，为日后的马克思主义理论的发展奠定了基础，也开辟了新的领域和新的途径。列宁等马克思主义理论家根据恩格斯这本书的基本思想，进一步地发展了马克思主义学说。在马克思主义的传播过程中，本书起了巨大的作用，它的日益广泛的国际交流中培养了一代又一代的马克思主义者。

## 德国社会民主工党

德国第一个无产阶级政党，也是世界上第一个民族国家范围内的无产阶级政党。1869年8月在爱森纳赫布成立，故又称"爱森纳赫派"，以别于德国工人运动中的拉萨尔派。主要领导人有倍倍尔、威廉·李卜克内西。该党的党纲指出：私有制是工人阶级贫困的根源，政治斗争是经济解放的前提。1875年2月与拉萨尔派共同起草了《哥达纲领》并获通过，两派合并成立德国社会主义工人党，1890年改为德国社会民主党。1933年希特勒上台后被解散。

《独立宣言》是近代史上第一个把人权思想写进政治宣言里的历史文件。《宣言》指出：人人生而平等，每个人都有与生俱来不可被剥夺的权利，其中包括生命权、自由权和追求幸福的权利……

世界独立精神的标本

# 独立宣言

1775 年 4 月，美国莱克星顿的枪声揭开了独立战争的序幕。1776 年 3 月下旬起，南卡罗莱纳等州纷纷脱离英国宣告独立。这时候，托马斯·潘恩的名篇《常识》一书的发表，像一声春雷，震惊了北美大地，人们争先恐后地阅读，传诵着潘恩的激情呼吁："被杀死人的鲜血和造化的啜泣声在喊着：现在是分离的时候了！"本杰明·富兰克林读后非常激动，立即买了 100 本送给朋友们。

托马斯·杰斐逊读了《常识》后，立即派出特使把书送给在前线指挥作战的华盛顿，说这本书讲出了建立团结一致强大国家的正确意见。华盛顿深受感动，他说：自由的精神在我们心中沸腾起来了，我们不能屈服做

↑《独立宣言》原件

这份《独立宣言》的原件已有 200 多年的历史。它是美国为争取独立而浴血奋斗的历史见证之一。现藏于美国国家博物馆内。它被美国视为"国宝"。一般人只能通过厚厚的玻璃柜看一看。

奴隶，假如除了奴役我们，什么也不能使暴君和他的恶魔似的大臣感到满足的话，那么，我们就决心和这样一个不公平和不人道的国家断绝一切关系。潘恩的思想对杰斐逊日后写出《独立宣言》产生了直接影响。

1776 年 5 月 10 日，第二届大陆会议在费城召开。会议开始后，就独立问题展开了激烈的争论。6 月 7 日，弗吉尼亚代表议会向会议提出议案：宣布联合的殖民地为自由而独立的国家。会议就独立问题进行辩论，同时组成一个 5 人委员会，负责起草独立宣言，按得票多少委员的顺序是杰斐逊、约翰·亚当

斯、富兰克林、罗杰·谢尔曼和罗伯特·利文斯顿，杰斐逊得票最多，担任主席。由于富兰克林患中风未能工作，其他几位文学修养不够，年仅 33 岁的杰斐逊被推举为主要起草人。

从 6 月 11 日开始，半个多月的时间，杰斐逊在费城一位泥瓦匠格腊夫的家里，全力投入独立宣言的起草工作。他没有参考一本书或小册子，绞尽了脑汁，字斟句酌，力求达到尽善尽美。他在全力起草宣言时，他的家庭遭到极大的不幸，母亲刚刚去世，还有一个儿子死去，妻子正在生病。杰斐逊内心感到极大的痛苦，他把全部悲痛用在独立宣言的起草和修改上。他写的独立宣言句句发自肺腑，反映了他的真实的政治观点和真实感情。

6 月 28 日，杰斐逊将宣言草稿交给亚当斯和富兰克林修改；同日，起草委员会将草稿提交大陆会议讨论。接着两天，杰斐逊在会场上聆听着 65 位批评家逐字逐句的审查和校正，原稿中有一大段谴责英国国王纵容奴隶贸易罪行的内容被删掉了。7 月 4 日，大陆会议通过了《独立宣言》，13 个殖民地的代表先后在宣言文本上签字。7 月 19 日大陆会议决定把《宣言》写在羊皮纸上，将标题改为《美利坚十三个联合州的一致宣言》，在历史上和习惯上称为《独立宣言》。

由于当时宣言被认为是地道的叛逆文献，在其后的半年多时间里，签署者的名字一直是保密的。1777 年 1 月 19 日，大陆会议首次公布了《独立宣言》签署者的名单。至于杰斐逊作为执笔人这件事，直到 1784 年，才在报纸上公布。

## ::基本思想

《独立宣言》分三部分。大前提：在人类中间成立政府的目的就是为了保障人民的不可割让的自然权利，如果政府侵犯人民的这些自然权利，这个政府就应该为人民所推翻。小前提：英国国王这些年来一直侵犯北美人民的权利，并且怀有把暴政强加于北美人民身上的意图。结论：因此，北美人民推翻英国在北美的殖民统治而实现独立是理所当然的。

《宣言》是近代史上第一个把人权思想写进政治宣言里的历史文件，比法国的

### 独立宣言

《独立宣言》为美国摆脱英国殖民统治，走向独立指明了方向，同时它也深深地影响和推动了大洋彼岸的资产阶级革命运动。从法国开始，资产阶级革命的风暴迅速席卷了整个欧洲大陆。1789 年，法国爆发了资产阶级革命，国王路易十六被送上了断头台，标志着法国封建专制制度的覆灭。在法国资产阶级的影响下，德国、俄国等国都掀起了资产阶级革命的高潮，并相继建立起了资产阶级专政的政权，为资本主义经济在欧洲的全面确立奠定了坚实的基础。

↑起草《独立宣言》的委员会成员们站在主席约翰·汉考克面前，站立者中左数第四人为杰斐逊。

《人权宣言》早14年。《宣言》宣布说："我们认为这些真理是不言而喻的：人人生而平等，他们都从他们的'造物主'那里被赋予了某些不可转让的权利，其中包括生命权、自由权和追求幸福的权利，为了保障这些权利，所以才在人们中间成立政府。而政府的正当权力，系得自被统治者的同意。如果遇有任何一种形式的政府变成是损害这些目的的，那么，人民就有权来改变它或废除它，以建立新的政府。"

《宣言》指出："现今大不列颠国王的历史，就是一部怙恶不悛、倒行逆施的历史，他那一切的措施都只有一个直接的目的，即在我们各州建立一种绝对专制的统治。为了证明这一点，让我们把具体的事实胪陈于公正的世界人士之前。"随后《宣言》列举了英王在殖民地犯下的一系列罪行，包括立法、司法、人口、官吏、驻军、贸易、征税、审判、海上掠夺、对内杀戮、拒绝改革建议等。结论是，英王是"一个罪恶昭彰的君主，是暴君，实不堪做一个自由民族的统治者"。

《宣言》也谈到曾经向英国兄弟们呼吁，但他们也同样地把这正义的、血肉之亲的呼吁置若罔闻。因此，我们不得不承认与他们有分离的必要，而我们对待他们也就如同对待其他的人类一样，在战时是仇敌，在和平时则是朋友。

《宣言》最后说："因此，我们这些集合在大会中的美利坚合众国的代表们，吁请世界人士的最高裁判，来判断我们这些意图的正义性。我们以这些殖民地的善良人民的名义和权利，谨庄严地宣布并昭告：这些联合殖民地从此成为，而且名正言顺地应当成为自由独立的合众国；它们解除对于英王的一切隶属关系，而它们与大不列颠王国之间的一切政治联系亦应从此完全废止。作为自由的合众国，它们享有全权去宣战、媾和、缔结同盟、建立商务关系，或采取一切其他凡为独立国家所理应采取的行动和事宜。为了拥护此项宣言，怀着深信神明福佑的信心，我们谨以我们的生命、财产和神圣的荣誉互相保证，永誓无贰。"

## ∷历史影响

《独立宣言》是人类历史上的一部杰作，他把欧洲启蒙思想家的人民主权的思想写进一份政治宣言里。

《独立宣言》是美国资产阶级革命的纲领性文献，它充分地表达了北美新兴的资产阶级争取民主、自由、平等和民族独立的政治主张，体现了资产阶级的革命精神和独立战争的革命性质，不仅在当时成为讨英战争的檄文，而且是美国历史上的里程碑，是美国民主共和立国基础的最重要的文献。美国国会把7月4日这一天定为独立日，《独立宣言》实际上被美国和世人看作为美利坚合众国独立的标志而永垂史册。

《独立宣言》提出了人人生而自由、平等的思想。无怪乎马克思称《独立宣言》是"第一个人权宣言"。虽然"人人生而平等"中的"人人"是否指一切美国人，在实际生活中各有见解。1858年共和党人林肯和民主党人史蒂芬·道格拉斯在竞选中，就围绕黑人是否有资格享有《独立宣言》中列举的各种天赋权利开展了一场大辩论。美国的平等、自由、民主和人权在实践中都有一个逐步扩大和发展的历史过程。就公民权而言，从美国的自由白人享有公民权到改变身份后的契约佣仆、从被解放了的黑奴到印第安人被列为美国公民，前后长达3个半世纪；就公民实现选举权而言，美国建国以来200年左右的时间内才在法律上得以确认；就美国公民的参与各级政府工作而言，从少数政治活动家参政到某些中、下层代表人物参政，也经历了一个半世纪以上的时间。然而，《独立宣言》的民主、平等和自由的精神则一直是被视为美国立国、兴国和强国之本。

《独立宣言》点燃了法国大革命的烈火，推动了英国的议会改革运动，影响着欧洲各国的资产阶级革命，鼓舞了拉丁美洲西班牙殖民地人民反对殖民统治的斗争，也对东方的革命运动影响深远。今天，它已被译成几十种文字的版本，人人生而平等已成为家喻户晓的名言，它不仅是人民群众争取民主和平等的有力武器，也是反对强权政治的思想武器。

↑ 1793年，路易十六被送上断头台

路易十六被送上断头台是资产阶级革命在人民群众的推动下取得的重大胜利。但这并不标志着法国资产阶级的革命取得了完全的胜利。在随后的几十年里，资产阶级与封建势力经历数次较量，直到1871年，法国才最终确立了资产阶级专政的政治制度。

# 世界公民权利的伟大呐喊者

《人权宣言》指出：人人生来是自由平等的。只有在公共利益上面才出社会上的差别。任何政治结合的目的都在于保存人的自然和不可动摇的权利。这些权利包括自由、财产、安全、反抗压迫……

# 人权宣言

　　18 世纪法国革命中颁发过两个《人权宣言》，一个是 1791 年颁布的《人和公民权利宣言》，一个是 1793 年颁布的《人权宣言》，作为 1793 年宪法的序言。

　　18 世纪末法国资产阶级大革命前的法国，是一个封建统治长达 10 个世纪之久的国家，资产阶级必须用革命手段扫除一切中世纪的垃圾，在封建的废墟上建设新的政治制度。在 1789 年 5 月召开的三级会议上，资产阶级起初希望通过和平的道路制定宪法，限制王权，实现资产阶级参与政权的目的，结果遭到了旧势力的极力反对。国王甚至调用军队对第三等级的要求施行武力威胁。7 月 14 日，巴黎人民发动武装起义，攻陷了象征专制政权的巴士底狱，并且摧毁了这座堡垒，修建了著名的巴士底广场，在广场中心树立起一座大理石尖柱，柱上刻着：大家在这里跳舞吧！7 月 14 日成为法国的国庆日。革命胜利后，新政权建立起来了，国民制宪会议代表巴伊被选为巴黎市长，参加过北美独立战争的拉法夷特被选为国民司令，颁布了废除封建制定新制度基础的《八月法令》和《人权宣言》。但国王拒绝批准《八月法令》和《人权宣言》，使得新制度的建立仍悬而未决。10 月，巴黎人民再次进行干预，迫使国王及其宫廷迁居巴黎，置于人

↑描绘巴黎人民攻占巴士底狱的图画

1789 年 7 月 14 日，法国人民攻占巴士底狱是人权战胜专制的重要体现和象征。是资产阶级革命的又一次重大胜利，它具有十分重要的历史意义。

民的监督之下，并强迫国王批准，制宪会议才得以制定宪法。

在此前的 7 月 9 日，穆尼埃在制宪会议上曾提出，有必要在宪法前面加上一个权利宣言，一部好的宪法应该建立在人权的基础上并保护人权，应该承认自然正义所赋予每个人的权利，应该重申各种社会基础的一切原则。制宪会议经过热烈讨论，于 8 月 26 日正式通过了《人和公民权利宣言》。宪法于 1791 年 9 月完成，《人和公民权利宣言》被全文列入宪法作为序言。1793 年，雅各宾党人执政期间通过的新宪法，同样把《人权宣言》作为序言列入。这样，《人权宣言》便正式成为法国宪法不可分割的一部分。

↑法国《人权宣言》

《人权宣言》是人类自由权利的基本宪章之一。1789 年法国大革命胜利后，议会通过的基本原则是"人人生而自由，权利平等"、"宗教自由和言论自由"等。其中三权分立的概念正是来自于孟德斯鸠的《论法的精神》。

## ::基本思想

《宣言》共 17 条，按其内容可分为下列几个方面：

第一，关于人权。《宣言》第一条宣布："在权利方面，每个人生来是而且始终是自由平等的。只有在公共利益上面才出社会上的差别。"第二条规定："任何政治结合的目的都在于保存人的自然和不可动摇的权利。这些权利包括自由、财产、安全、反抗压迫。"

第二，关于主权。第三条规定："整个主权的本原主要寄托于国民。任何团体、任何个人都不得行使主权所未明白授予的权力。"

第三，关于自由。第四条规定："自由就是指有权从事一切无害于他人的行为。因此，各人的自然权利的行使，只以保证社会上其他成员享有同样权利为限制。此等限制仅由法律规定之。"第十条又规定："意见的发表只要不扰乱法律所规定的公共秩序，任何人都不得因其意见、甚至信教的意见而遭受干涉"；第十一条又规定："自由传达思想和意见是人类最宝贵的权利之一；因此，各个公民都有言论、著述和出版的自由，但在法律规定的情况下，应对滥用此项自由负担责任。"

第四，关于法律。第六条宣布："法律是公共意志的表现。全国公民都有权亲自或经由其代表去参加法律的制定。法律对于所有的人，无论是施行保护或处罚都是一样的。在法律面前，所有的公民都是平等的，故他们都能平等地按其能力担任一切官职、公共职位和职务，除德行和才能上的差别外不能有其他差别"；第五条规定："法律仅有权禁止有害于社会的行为。凡未经法律禁止的行为即不得受到妨碍，而且任何人都不得被迫从事法律所未规定的行为。"第七、八、九条规定了不经法律手续不得控告、逮捕或拘留任何人，只规定确实需要和显然不可少的刑罚，任何人在未被宣告为犯罪以前就被推定为无罪。

第五，关于武装力量。第十二条规定："人权的保障需要有武装的力量，因此，这种力量是为了全体的利益而不是为了此种力量的受任人的个人利益而设立的。"

第六，关于税收。第十三条和第十四条规定："为了武装力量的维持和行政管理的支出，公共税收就成为必不可少的，纳税平等，所有公民或经过其代表来确定赋税的必要性，自由地加以认可，注意其用途、决定税额、税率、客体、征收方法和时期。"

第七，第十五条规定，社会有权要求机关公务人员报告其工作。

第八，关于财产。第十七条规定："财产是神圣不可侵犯的权利，除非当合法认定的公共需要所显然必需时，且在公平而预先赔偿的条件下，任何人的财产不得受到剥夺。"

1791 年的《人权宣言》是资产阶级自由派即君主立宪派制定的，而 1793 年的《人权宣言》则是雅各宾派制定的，比前者有更大的进步性、民主性和人民性：强调共同的幸福；对平等、自由、安全与财产做了进一步的解释；强调人与人的契约关系，不承认仆人身份；强调公共救助和社会保障；公民享有教育权；强调主权属于人民，人民享有反抗压迫和起义的权利和义务等。

## ∷历史影响

《人权宣言》的颁布对法国资产阶级大革命起到了极大的推动作用，它的迅速传播在整个欧洲大陆引起了强烈的震动。1795 年法国宪法虽然仍就冠以《人权宣言》，但对它的内容作了重大的修改：第一条被删去，既没有提"共同幸福"，也没有再提思想、言论自由，并且在权利之外增加了"义务"的条款。一直到

1946 年，法国国民议会通过的法兰西第四共和国宪法才重新以"前言"的形式再次明确地规定了人民所拥有的各种合法权利，并且补充了关于保障妇女、儿童的权利等新的条款。1958 年的法兰西的第五共和国宪法重新确定了《人权宣言》的各项基本原则，并且确认了 1946 年法国宪法对人权内容的补充。

《人权宣言》对后世的影响是深远的。有人认为 1948 年联合国的《人权宣言》就是在它的基础上指定出来的。

《人权宣言》以人类理性对抗宗教迷信，否定神权政治，提倡信仰自由，从组织上和物质上摧毁神权政治赖以存在的基础；从心态上破除了崇拜上帝的信念；从政治上为国家政权的世俗化开辟了道路。法国大革命期间的几部宪法以及此后 200 多年间的法国历次宪法，除 1814 年宪章外，都毫无例外地否定以天主教为国教，明确写上信仰自由的条文。通过 19 世纪不断反对教权主义的斗争，在 1905 年颁布了政教分离法，法国最终成为一个世俗共和国。

它以主权在民对抗君权神授，否定了专制主义的王权观念。1792 年 8 月 10 日的人民起义，一举推翻了反对革命并与人民为敌的国王路易十六，将其送上了断头台。波旁王朝虽在 1814 ~ 1830 年短暂复辟，一度取消国民主权原则，但国王在人民心目中已不再有那道神圣的光环围绕着了。共和政体成为法国政体形式演变的主题，经过反复的斗争，最后终于得以确立。自 1875 年以来，历次法国宪法都郑重宣布共和政体不得成为宪法修改或提议修改的对象，凡统治过法国的王室成员不得当选为共和国总统，从根本上杜绝了君主制复辟的可能性。

《人权宣言》开辟了近代资产阶级人权运动的新阶段。这在一定程度上保障了人的尊严和地位，促进了政治思想的活跃，文学艺术的繁荣，科学技术的巨大进步，对社会文明和人类文化的发展起到了推动作用。《人权宣言》是资产阶级反封建斗争的纲领，但它保护的是资产阶级财务，而不是全法国人民的利益，因此有历史的局限性。

《人权宣言》所确认的基本原则，为法国政治制度乃至世界许多国家的政治制度的形成和发展铺设了理论基础。天赋人权理论的提出，有着巨大的历史进步意义，享有充分的人权，是人类长期以来所追求的理想。近两三百年间，各国人民一直为争取人权进行着不懈的努力，并取得了重大的成果。

无产阶级革命的伟大旗帜

# 共产党宣言

19 世纪 40 年代，以机器大工业取代工场手工业的欧洲工业革命如火如荼，给英国、法国、德国等当时主要的资本主义国家创造了前所未有的巨大的物质财富。在此前提下，资产阶级出现了盛极而衰的迹象，一个全新的阶级——无产阶级应运而生。

这一时期，各种有组织的群众性政治运动风起云涌：1831 年 11 月和 1834 年 4 月，法国爆发了里昂工人起义；1836 年至 1848 年，英国工人掀起了宪章运动；1844 年，德国爆发了西里西亚纺织工人起义。这些工人运动和工人起义开辟了无产阶级反对资产阶级斗争的新纪元，都具有比较鲜明的政治立场，革命呼声日益高涨，特别是德国西里西亚工人起义，明确提出了反对"私有制社会"的要求。无产阶级作为一支独立的政治力量，已经正式登上了历史的舞台。

各种工人组织也相继出现：1836 年，德国流亡的民主派创立了正义者同盟；1837 年，布朗基领导成立了四季社；1840 年，在英国出现了宪章派全国协会。其中，最著名的工人组织当数正义者同盟，1844 年后，它被蒲鲁东主义所把持，被错误的理论所主宰。1847 年 1 月，马克思、恩格

↑这幅画表现的是 1842 年英国工人列队把有 300 多万人签名的宪章请愿书送往国会的情景。

斯加入该组织，并努力用正确的理论加以指导。这年 6 月 2 日至 9 月，同盟在伦敦举行了第一次代表大会。马、恩提议，将"正义者同盟"改名为"共产主义者同盟"，用"全世界无产者，联合起来"的口号代替"人人皆兄弟"的口号，大会接受了这些伟大的提议。同年 11 月 29 日至 12 月 8 日，新同盟在伦敦举行了第二次代表大会，马克思、恩

↑马克思号召无产阶级起来斗争　宣传画

在德国持续的无产阶级革命中，卡尔·马克思起到了非常重要的作用。他起草的文件是德国、法国、英国等国无产阶级进行革命斗争的理论指导，为无产阶级进行革命斗争指明了方向。

格斯出席了代表大会。受大会委托，他们在会后就开始着手撰写《共产党宣言》。这时候，马、恩两人在伦敦共同拟定提纲，共同写作；不久，他们迁移至比利时的布鲁塞尔继续写作；12 月底，由于恩格斯去了巴黎，马克思一人就独立负责宣言的全部起草工作。1848 年 1 月，马克思完成了《共产党宣言》的全部文稿。

　　1848 年 2 月，在伦敦的"共产主义者同盟"成员、德国人布尔哈克的印刷所里诞生了《共产党宣言》的最初版本。

## ::基本思想

　　薄薄一册《共产党宣言》，包括四章和七篇序言，是无产阶级革命政党的第一个纲领性文件，是马克思主义学说第一次完整、系统而全面的阐述，堪称马克思主义学说的经典著作，即使放在人类思想史上，它也是一部具有非凡价值和深远影响的经典精神文献。

　　《共产党宣言》首先考察了资本主义发生、发展的历史过程。"这个曾经仿佛用法术创造了如此庞大的生产资料和交换手段的现代资产阶级社会，现在像一个巫师那样不能再支配自己用符咒呼唤出来的魔鬼了"。资产阶级推翻了封建制度，建立了资本主义的政治和经济制度，曾起过非常革命的作用。但是，资产阶级的生产关系和所有制关系，已经不能适应蓬勃发展、活力无限的生产力的进步发展。资本主义社会不断面临经济危机的冲击，生产力愈发展，它同资本主义生产关系所固有的矛盾就愈激化。资本主义社会的经济规律，必然导致资本主义社会生产资料私人占有和生产的社会化的基本矛盾。《共产党宣言》从

生产力和生产关系的相互关系中洞察了资本主义社会必然走向灭亡的历史趋势，并明确宣告：资本主义的丧钟已经敲响。

马克思和恩格斯还运用历史辩证法，从经济基础和上层建筑相互关系原理的角度，阐明了无产阶级革命消灭资本主义制度，用无产阶级政权统治代替资本主义政治统治的革命理论，鲜明指出，资产阶级"首先生产的是它自身的掘墓

**无产阶级革命**

自《共产党宣言》诞生以后，无产阶级革命便如火如荼地展开了。1848年革命是无产阶级武装斗争的初次尝试；1917年俄国十月革命是无产阶级革命的第一次胜利；1949年中华人民共和国成立是无产阶级革命又一次重大胜利。随后，东欧、朝鲜、古巴、越南都相继建立起了无产阶级专政的政权。

人。资产阶级的灭亡和无产阶级的胜利是同样不可避免的"。无产阶级是机器大工业的产物，是新生产力的代表，是最革命、最先进、最有前途的阶级。它从诞生之日起，就不断地进行着反对资产阶级的斗争。接着，作者阐述了无产阶级阶级特性和历史地位，深刻论证了无产阶级作为资产阶级的掘墓人和共产主义的建设者的伟大历史使命。

《共产党宣言》指出，任何一个时代的社会意识形态都是为统治阶级服务的意识形态，无产阶级革命的任务不仅要在政治上夺取政权，进而还要在社会意识形态领域中进行彻底的革命。它运用社会存在决定社会意识的历史唯物主义基本原理，明确提出了无产阶级在意识形态领域里的革命任务——"共产主义革命就是同传统的所有制关系实行最彻底的决裂；毫不奇怪，它在自己的发展进程中要同传统的观念实行最彻底的决裂"。

《共产党宣言》宣称：到目前为止，一切社会的历史都是阶级斗争的历史，阶级斗争是推动阶级社会发展的直接动力。这是该书贯串始终的基本原理和主线。在马克思以前，法国的资产阶级历史学家、英国的古典经济学家、法国空想社会主义者都对阶级和阶级斗争的有关问题做个论述，但他们并不了解阶级划分和阶级斗争的经济根源，不能正确的揭示自原始社会解体以来阶级斗争发展的客观规律。马、恩在合著的《德意志意识形态》中，继承了前人积极的思想成果，对阶级社会的历史做了科学的概括。《共产党宣言》则进一步形成了系统的无产阶级反对资产阶级的阶级斗争理论。必须说明的是，在马、恩写作《共产党宣言》的时代，人类对史前的文明了解甚微，马、恩没有把我们今天所言的原始社会考虑进去。马克思和恩格斯回顾了人类历史各个时期的阶级斗争的实质和形式，深刻分析了资本主义社会阶级斗争的性质和特点，得出的结论是：

资本主义社会阶级斗争的结果是，资本主义必然灭亡，共产主义必然胜利。

《共产党宣言》的一个极其重要的内容是，阐明马、恩关于无产阶级政党的理论。《宣言》首先论述了无产阶级要获得解放必须建立自己的政党。然后，它阐明了无产阶级政党的性质、宗旨和奋斗目标。共产党是无产阶级利益最忠实的代表，他们是无产阶级中最有觉悟、最有革命性的部分，是无产阶级的先锋队组织。共产党人的最近目的是和其他一切无产阶级政党的最近目的一样的：使无产阶级成为阶级，推翻资产阶级的统治，由无产阶级夺取政权。共产党的最终目标是要废除私有制，彻底消灭阶级，最终实现共产主义。

## ::历史影响

自从《共产党宣言》问世之后，它就被作为无产阶级及其政党为争取解放进行斗争的锐利的思想武器，成为无产阶级政党和无产阶级革命的伟大的理想旗帜，标志着马克思主义学说的最终形成。

《共产党宣言》标志着马克思主义和工人运动的结合的开始，此后，马克思主义就在和工人运动的结合中不断丰富和发展，工人运动也从此有了航灯般的指导。它还是科学社会主义的第一个纲领性的文献，初步建立了理论体系，之后，科学社会主义成了无产阶级实现历史使命的法宝。

20世纪初的俄国十月革命以及此后的中国共产党领导的革命，就是直接受到了《共产党宣言》的指引和激励，从而最终建立了新政权。

在整个人类思想发展史上，《共产党宣言》是一座炫目的丰碑。

↑全世界无产者联合起来　油画
工业革命的到来，使欧洲产生了悲惨的工人阶级，而马克思则成了所有无产者的代言人。

# 一盏照亮生命冲动的灯

生命哲学产生和流传于 19 世纪下半叶至 20 世纪初的一种人本主义思潮。它以研究生命为主题，主张生命是宇宙的本原，试图用生命的发生和发展来解释宇宙，知识和经验等问题……

# 生命哲学

生命哲学也称生活哲学，是产生和流传于 19 世纪下半叶至 20 世纪初的一种人本主义思潮。生命哲学不是一个统一的哲学学派，它包括了 19 世纪 80 至 20 世纪 30 年代在西方各国流行的许多非理性主义的小派别。它以研究生命为主题，主张生命是宇宙的本原，试图用生命的发生和发展来解释宇宙，知识和经验等问题。

生命哲学是反对实证主义和理性主义思潮的产物。19 世纪末，随着第二次工业革命的进行，资本主义获得空前的发展，各资本主义国家先后从"自由"资本主义过渡到帝国主义阶段。为了争夺原料产地和世界市场，帝国主义各个国家纷争不已，除此之外，各国内部阶级矛盾不断激化，无产阶级和资产阶级的矛盾冲突日益加剧，社会动荡不安。残酷的现实，使学者们对近代以来所形成社会理念发生了动摇，人们怀疑"自由、平等、博爱"的理想社会是否能够依靠理性力量建立起来。思想家们开始从研究客观必然性、崇尚理性、相信科学转向探索人的内心世界和非理性。

西方近代哲学的基本精神是理性主义。绝大多数近代哲学家，无论是唯物主义者还是唯心主义者，无论是唯理论哲学家还是经验论哲学家，都崇尚理性。19 世纪中期流行的黑格尔主义和自然主义是其代表，他们主张严酷的理性，宣扬事物之间因果关系对事物发展决定性的影响。理性主义演变成片面的理性主义，它否定了人的个性、人格和自由，是对人性的一种束缚。早在 18 世纪 70 年代德国就有人主张以"生命"作为口号，作为文化批评的标准。此后，歌颂生命力量成为许多青年作品中的主体，尤应注意的是，一些哲学家，如费希特、谢林等人也注意到这一变化，开始注重精神能动性和人的直觉思想。

19 世纪下半叶兴起的生物学、生理学和心理学的影响，尤其是受到达尔文提出的生物进化论，对深入地思考这一问题创造了条件。以狄尔泰为代表的一些思想家把生物学上的进化论作为自己的立论根据，要从"生命"出发去了解宇宙人生，用意志、情感和"实践"充实理性。

首先使用"生命哲学"这个术语的，是德国早期浪漫主义文学理论家、语言学家弗里德里希·冯·施雷格尔。但一直到 19 世纪 70 年代，生命哲学还只是作为个别哲学家、思想家理论中的组成因素而存在，并未成为一个独立的哲学学派。19 世纪 70 年代以后，随着自由资本主义向帝国主义转化，自然科学的革命给旧的形而上学自然观造成危机时，才有独立的生命哲学思潮出现，主要在德法两国流行。19 世纪 80 年代至 20 世纪 30 年代，生命哲学成为一股普遍的思潮，与长期占统治地位的理性主义相抗衡。

## ::代表人物狄尔泰和柏格森

生命哲学主要的代表人物有德国的狄尔泰（1883 ~ 1911），齐美尔（1858 ~ 1910）、奥铿（1846 ~ 1928）、斯本格勒（1880 ~ 1936）以及法国的柏格森（1859 ~ 1941）等。其中影响最大的是狄尔泰和柏格森。

狄尔泰是德国思想史上一位举足轻重的人物，是生命哲学的奠基人。1833 年 11 月 19 日，他生于德国的一个牧师家庭，自幼酷爱诗歌和音乐。母亲希望他成为一个牧师，但是他对宗教不感兴趣，喜爱哲学，早年师事历史批判学派的伯克和兰克。1864 年获博士学位。后历任巴塞

↑施雷格尔像

尔、柏林大学哲学教授。他在形而上学、认识论、伦理学、美学、史学和诗学等方面都做出了突出贡献。他的思想是批判和改造英法经验主义、德国新康德主义并受浪漫主义思想的影响而形成的。作为生命哲学的奠基人，提出哲学的中心问题是生命．并以"历史的相对主义"批判"历史理性"。认为宇宙是相对的，不同的生活类型、不同的历史时期都有不同的"宇宙观"与之相适应。其主要

著作有：《人文科学导言》、《黑格尔的青年时代》、《精神世界：生命哲学导论》、《人文科学中历史世界的构建》、《历史意识的起源》、《施莱尔马赫传》等。

柏格森是生命哲学的集大成者，是生命学派的卓越代表。他生于巴黎的一个犹太血统的家庭，自小便接受典型的法国式教育，对哲学有深厚的兴趣，尤其酷爱文学。1881年获哲学学士学位，1889年获文学博士学位。曾任巴黎高等师范学校、法兰西学院教授。第一次世界大战期间，他以学者身份步入政界。1927年，他被授予诺贝尔文学奖。柏格森继承了狄尔泰的基本思想，倡导生命哲学。他的哲学主要是针对当时法国国内的机械论、唯理论、决定论和科学万能论而提出的。

↑柏格森像

第一次世界大战期间，柏格森曾担任多重外交任务，1920年，国际联盟成立后，他出任知识合作委员会的第一任主席。

柏格森用"生命冲动"和"绵延"来解释生命现象，认为生命冲动就是绵延，而这实在只能靠直觉来把握。他提倡直觉，贬低理性，认为理性只能认识相对的运动的表面现象，而不能正确认识绝对运动的本质，只有通过直觉才能体验和把握到生命存在的"绵延"，借助于直觉，人们就能把握这种绵延，转向内心世界，从而获得接近于最真实的内心自由。另外，他从直觉论出发，还发展了美学理论，认为艺术之所以成为艺术，就在于艺术将一种美的直觉表现出来，通过暗示的方式刺激人，引起人的美感；艺术是打破人与实在之间的障碍，认为真正的艺术家必须对现实的功利实行彻底的超脱。认为作家应按人物的意识之流来描写、塑造人物，在他影响下产生了"意识流小说"。作为现代非理性主义思潮的重要代表，柏格森对20世纪西方的哲学、文学艺术、宗教和伦理思想产生了广泛的影响。

柏格森的主要著作有《时间与自由意志》、《物质与记忆》、《笑的研究》、《形而上学导论》、《创造进化率》、《生命和意识》、《道德与宗教的两个起源》等。

## ::历史影响

很显然，生命哲学夸大了生命现象的意义，渗透着浓厚的主观唯心主义的色彩。但是，生命哲学正是西方社会思潮从理性主义向非理性主义的一个转折，它抨击理性主义传统，颂扬人的非理性的本能、直觉、心理体验等等，对于人们冲破旧思想的束缚无疑有着筚路蓝缕之功。它对种种理性主义认识形式的批判和冲击，对于人类精神解放确有重要意义。生命哲学对现象学的创始人德国的胡塞尔有过重要影响，存在主义者如德国的雅斯贝尔斯、海德格尔等人都在很大程度上继承和发展了生命哲学的观点。柏格森的哲学思想给西方哲学流派以很大影响，美国哲学家詹姆斯对他赞扬备至，

↑胡塞尔像
现象学的奠基者，受生命哲学影响很大。

英国哲学家怀特海的过程哲学受到他的启迪，不仅如此，他所主张的反决定论的自由意志说，更是直接影响了法国存在主义的主要代表萨特。

在五四运动以前，中国学术界还很少有人知道柏格森、奥铿等西方生命哲学的代表人物。尽管当时已经有人对柏格森的生命哲学作了初步的介绍，其中不乏像钱智修、章士钊这样的学界名人，但此时新文化运动如火如荼之时，民主与科学思潮成为当时最具号召力的口号，在此情况之下，生命哲学的提倡未能在学界引起人们的重视，但仍然引起一部分人的瞩目。梁漱溟在他的成名作《究元决疑论》中将生命哲学与佛学相附会。五四运动后，这种局面得到很大改善。梁启超、张君劢等对伯格森的介绍引起国内学界的重视。不久，美国学者杜威来华讲学，将柏格森介绍给中国学界。于是，在20世纪20年代初，形成了研究柏格森生命哲学的热潮。柏格森的生命史观在国内产生很大影响，并得以广泛传播。中国学者甚至考虑它与中国本土思想结合的可能。后来一些学者的确在做这方面的工作，利用生命哲学为本土文化作些辩护和改造，比较知名的如梁启超、梁漱溟、张君劢等人。与此同时，其他生命哲学思想家的思想也纷纷被介绍到中国来。但是，好景不长，生命哲学在中国遭遇低谷。

改革开放以来，在一些思想界人士的努力下，生命哲学尤其是柏格森的哲学思想，源源涌入国门。他的思想不仅流传于哲学领域，而且文艺领域里现代派艺术作品中也无不闪现着柏格森思想的影子。

# 人类精神世界的伟大探索

精神分析学也叫弗洛伊德主义，是现代西方哲学中影响最大、流传最广的派别之一。它产生于 20 世纪初的奥地利，两次世界大战期间，它在欧洲各国广泛流行……

# 精神分析学

精神分析学也叫弗洛伊德主义，是现代西方哲学中影响最大、流传最广的派别之一。它产生于 20 世纪初的奥地利，两次世界大战期间，它在欧洲各国广泛流行。其代表性人物是西格蒙德·弗洛伊德。

精神分析学是 19 世纪末 20 世纪初科学和哲学发展的必然产物。达尔文《物种起源》，曾深深地吸引住了年轻的弗洛伊德。19 世纪中叶，物理学领域一系列重大发现，提供了一个关于人的全新的观念：人是一个能量系统，同样遵守物理学定律。弗洛伊德的大学教师——杰出的生理学家布吕克认为，生命机体是一个动力系统，同样服从化学和物理学的规律。弗氏接受了这种极为新颖的"动力生理学"理论。

西方人文科学、文学和哲学，尤其是德国的传统文化对精神分析学的产生也起了很大的作用。弗洛伊德非常熟悉西方文学，他的许多思想观点的提出和表达都来源于文学名著。如俄狄浦斯情结，就来源于古希腊悲剧《俄狄浦斯王》。

近代西方医学，主要是精神病学的发展则是精神分析学产生的一个直接的源泉。精神分析的基本观点和概念，都是在治疗和研究精神病的过

←弗洛伊德像

弗洛伊德（1856～1939），奥地利著名医学家，精神分析学派的开山祖师。弗洛伊德 1856 年出生于捷克的弗莱堡，4 岁时全家迁往维也纳。 1873 年，17 岁的弗洛伊德进入维也纳大学学习医学。1881 年成为精神病学医生，此后不久开始精神分析研究。

程中提出的。弗洛伊德更重视精神病的心理基础，他发明了心理疗法，这一方法比起生理疗法更为有效和科学。

1895 年至 1914 年是精神分析学的形成和初步发展的时期。1895 年，弗洛伊德与老师布洛伊尔合著发表了《癔症研究》，是精神分析学诞生的标志。精神分析的一些基本概念已形成，如"无意识"、"压抑"等，治疗精神病的主要方法也形成，如"疏泄法"。1900 年，弗氏发表了《梦的解析》这一巨著，提出梦是"无意识"愿望的满足的观点，同时他还提出一套系统的释梦方法。《梦的解析》发表后遭到强烈的讽刺和抗议，出版后的 13 年中仅销售了 600 本，但后来，随着精神分析学的发展，人们终于发现了该书的巨大价值。

↑ **弗洛伊德笔记手稿**
这是弗洛伊德的《梦的解析》一书的手稿，它自 1900 年问世以来，先后被译为英、俄、西班牙、法、日等多种文字出版。1987 年辽宁人民出版社出版中译本。

1905 年，弗洛伊德发表《性学三论》。在此之前，弗洛伊德已经发现性欲的压抑是导致精神病的重要原因。现在，他进一步发现，这些被压抑的性冲动可以追溯到病人过去的生活之中，直至他的幼儿时期。传统观念一向认为儿童是纯洁无邪的，该书一发表就引起了广泛的抨击和强烈愤慨。

1910 年召开了第一次国际精神分析大会，精神分析学开始成为一个学派，但不久就发生了分裂。一部分信从者继续追随，另一些人不再坚持精神分析学的基本观点。1911 年和 1912 年，奥地利精神分析医生德勒和瑞士的精神病学家荣格先后退出这一学派，另立门户，前者创立了"个体心理学"，后者创立了"分析心理学"。

1913 年至 1938 年，是精神分析学的完善和应用期。弗氏不断修正、补充和发展他的学说。1920 年，他发表《超越快乐原则》，认为人的心理除服从快乐原则以外，还存在一基本原则即"强迫重复原则"。该书还首次提出"死本能"假说。《自我与本我》(1923) 是弗氏后期一部最重要的著作，是对无意识理论的进一步完善和深化。1930 年发表的《文明及其不满》表达了他对现代文化和文明的基本观点，他试图用精神分析理论来说明社会的进步及其根源。1933 年，他的《精神分析新论》修正和发展了梦的理论、人格理论等。弗氏的最后一部著作《摩西与一神教》是讨论犹太教的。

在这一时期，他的许多学生和同事对精神分析学的深化和扩展也做了许多工作。

### 关于无意识学说

这是精神分析学全部理论的基础和核心。弗洛伊德认为，人的心理可由无意识、前意识及意识三者构成。无意识是心理结构最基础的、最本质的东西，它占据着心理的绝大部分空间，是心理的深层系统。意识则不过是心理的表层系统。弗氏称自己的心理学为"深层心理学"。他独创了前意识这一心理层次，认为它居于意识和无意识之间，更接近于意识。

无意识作为本能的原始冲动总是寻求发泄满足，但理性的意识和潜意识总是设法限制这种冲动，那些不能发泄和满足的冲动就变成了无意识的东西。由意识的抗拒而造成的致病历程就是"压抑"。被压抑的本能冲动会以更强大的力量进入意识领域，这就是无意识的"转移"。

↑囚犯之梦

施温德的《囚犯之梦》，它生动地刻画了在狱中的囚犯因不能出狱而只能通过幻想来满足自己的情景，弗洛伊德视之为"欲望实现"。

### 关于释梦理论

这是精神分析学的主要内容。释梦由来已久，但弗氏认为以往的方法很不完善。他认为，梦是欲望的满足。梦是一种心理现象，梦具有半透明性，梦的意义梦者确实明白却又不知道自己明白。梦有儿童的梦、化装的梦和焦虑的梦三种类型。释梦就用自由联想法：病人述说一个梦、一种经验、一个观点等，分析者告诉病人任意自由思索，但不能对病人有任何暗示和启发。

### 关于人格理论

弗氏认为，这个理论"最接近精神分析"。它是弗氏全部思想的概括和总结，是其在20世纪20年代对自己的学说加以修正补充而成。他把人的精神人格分成三个层面：本我、自我和超我。

本我是原始的、天生的、非理性的无意识结构，是本能和欲望的载体，受快乐原则支配；自我是幼儿时代父母训练与外界培养形成的人格，受现实原则支配；超我是"道德化了的自我"，是通过教育形成的人格，受社会道德原则的支配。'

本我、自我、超我三者之中，最感为难的是"自我"。弗洛伊德认为"自我"为"本我"所激动，为"超我"所监察，又为现实所阻挠，经常处于前后矛盾、进退维谷的尴尬境地。因此正常人的梦、失言和笔误、精神病者的病状、原始社会的风俗习惯等，都是被压抑的无意识通向意识的曲折途径。

**关于精神分析学的应用**

从 1913 年开始，弗氏为了证实他的学说的广泛性和真理性，就运用精神分析理论解释文学艺术、宗教、道德、战争、文明、教育等社会现象，从而形成了精神分析的文化哲学。

他认为，艺术家作家的创作动机是无意识愿望的满足，满足的方法是通过升华作用，即把无意识的本能冲动愿望转移到作品中去。因此，几千年影响巨大的作品的主题基本是"俄狄浦斯情结"。比如，达·芬奇的《蒙娜丽莎》永恒的微笑就倾注了艺术家对母亲的思恋。

弗氏认为文明乃是本能冲动升华的结果。文明就是人类利用自己的无意识的本能，转向较为高尚的社会目标的产物。本能产生和促进了文明的发展，而文明又限制和否定本能的冲动。本能和文明的冲突构成了人类发展的主题。当本能冲破文明，就会破坏社会和谐。当死本能的欲望强烈时，就会出现如战争之类的攻击。他认为，"文化的全部意义就在于禁止和限制人类"。

# ::历史影响

精神分析学在医学和心理学上史上有着不可磨灭的贡献。后来，这一理论和方法被运用于解释艺术、宗教以及社会和政治生活现象，从而形成弗洛伊德主义。在科学史上，西方学者把弗氏与牛顿、达尔文并称为三大科学巨人；在文化史上，又把他和马克思、爱因斯坦并称为世界历史上具有划时代影响的三位最伟大的犹太人。

20 世纪以来，弗洛伊德主义在全世界尤其是西方世界造成极为广泛而深远的影响，它宛如一道闪电照亮了人类精神世界的深处。近些年来，弗洛伊德主义在我国也形成了巨大的影响。

精神分析对于解决文艺领域某些重大问题，提供了某种新颖的角度和方法，给西方绝大多数作家、艺术家和批评家以极大的启发和影响。意识流小说、超现实主义的作品和绘画、现代派等这些西方最重要的文学流派可说是直接师从弗洛伊德。在文艺批评领域，以至形成了"精神分析批评流派"。

精神分析理论是人类思想史上一块伟大的里程碑，它成为一个具有世界意义的、影响深远的社会思潮。

震动哲学研究的逻辑方法

# 分析哲学

　　分析哲学是一种把数理逻辑方法引入哲学思维领域，对语言做逻辑分析的哲学，是 19 世纪人类最有影响的哲学思潮或哲学运动之一，是一场激进的反叛传统的运动。它虽然发起于英国，却很快影响了整个欧洲，成为一时的时尚。

　　分析哲学的兴起，与当时西方文化的基本背景有关，也与哲学界自身的逻辑发展相关。19 世纪末 20 世纪初，在西方社会中，科学，尤其是自然科学这种文化形态的重要性上升到了核心的地位。它获得了空前辉煌的成功，并出现了令人瞩目的变革，不断地冲击着西方思想界。当时，在物理学上取得重大的突破，特别是量子力学和相对论的产生，极大地改变了人们对传统物理学的认识，这在科学家中引起了巨大的震动。同时，它的影响也跨出了学术的围城，也引起了许多对自然科学感兴趣的哲学家的深切关注。他们深切的关注着自然科学领域中发生的重大变革，纷纷著文阐述这次变革的哲学意义，并试图吸收这些新观点来指导自己的哲学研究。另外，经过布尔、弗莱格、罗素等人的努力，数理逻辑有了巨大的发展。这为人们提供了强有力的逻辑分析工具。

　　第一次世界大战给欧洲各国带来沉痛的灾难。战后，各国学者进行了反思。许多人认为，这一切都是由于科学的丧失造成的，要改变这一状况就必须恢复科学的理性，反对思辨的形而上学。20 世纪初,英国流行的是新黑格尔主义。

→罗素像

罗素是一个人道主义者，他充满正义和良知而又温情、睿智。他的学术活动涉及范围广泛，是 20 世纪最有影响的哲学家之一。

它宣扬的理性要服从信仰，科学要服从宗教。
这种理论与当时自然科学的大发展形成了严重
的冲突，妨碍了英国资产阶级发展，因而不再
为各界所欢迎。早期深受其影响的罗素和摩尔
率先发难，对当时流行的新黑格尔主义进行了
批判。他们以新实在论取而代之，主张把语言
分析作为突破口，以现代科学作为其方法，从
现代逻辑中求得哲学的精确性，解决具体的哲
学问题。他们的努力对新黑格尔主义打击很大，
促使了新黑格尔主义的衰落，形成了一个新的
思潮。它的出现宣告了体系时代的终结、分析
时代的兴起、分析哲学的应运而生。

↑静坐抗议

罗素是最令人感兴趣的哲学家之一。他出身
于英国上层社会的贵族家庭，其祖父约翰·
罗素伯爵，曾任英国首相。上大学时，罗素
便把数学作为首选，此后把数学和哲学结合
在一起。在生命的最后 15 年，罗素积极投身
于反对制造核武的斗争，1958 年他当上了核
裁军会议的主席。1960 年辞职后又成立了一
个更为激进的 100 人委员会，以更激进的方
式反对核武器。图为罗素与示威者一起在英
国国防部门前静坐，抗议英国的核政策。

## ::发展简史

分析哲学创立后，由于多种原因的影响，
发生了很大的变化。有的代表人物思想上发生
了重大转变，影响了不同的派别，也衍生出几
个不同的支派。

一般认为，分析哲学的发展经历了三个阶
段：逻辑原子主义、逻辑实证主义和逻辑实用主义；从大的方面划分，分析哲
学可分为两大流派：一派是以逻辑实证主义为代表的人工语言学派，一派是英
国的日常语言学派。总之，分析哲学的历史演变是形式繁复、内容丰富。

分析哲学产生于 20 世纪初的英国，但是，它最初萌芽于德国。在 19 世纪末，
被尊为"现代逻辑之父"的德国数学家弗莱格，创立了现代数理逻辑，并在语
言哲学方面提出了许多重要观点。弗莱格反对当时盛行的心理主义，认为逻辑
与心理不同，逻辑是形式化的学科，不能由经验科学来揭露，哲学应该建立在
逻辑分析之上。他所创立的数理逻辑系统以及在语言哲学方面提出的许多观点，
对以后分析哲学的发展产生了很大影响。弗莱格被称为分析哲学的先驱。

但是，英国才是分析哲学的发源地。1905 年，罗素发表了《论指示》一文，
这篇文章第一次比较详细地阐述了分析哲学的一些基本观点，看作分析哲学形
成的标志。罗素一生著述丰富，代表作有《数学原理》、《我们关于外部世界的

知识》、《心的分析》、《物的分析》、《哲学概论》、《人类的知识》等。在这些著作中，罗素阐述了他的逻辑原子主义，对后来分析哲学的发展有重大影响，其观点对逻辑实证主义影响尤为强烈。罗素的得意门生维特根斯坦，是继罗素之后的最具影响的分析哲学家。他的逻辑原子论等思想，对逻辑实证主义影响很大，而他的语言游戏论、工具论等思想，对日常语言学派有很大影响。

在20世纪20年代中叶的奥地利维也纳，分析哲学的另一派别——逻辑实证主义产生了。它的创始人是德国著名的哲学家石里克，主要成员有卡尔纳普、亨佩尔、哈思、费格尔等。其中，以卡尔纳普的影响最大。逻辑实证主义兴起后，在欧洲思想界广为传播，并在20年代中期到30年代中期的一段时间内，逻辑实证主义在欧洲达到全盛时期。30年代后期，为了躲避法西斯分子的迫害，逻辑实证主义学者纷纷迁居美国，美国成为他们活动的新的中心。但好景不长，到60年代，逻辑实证主义在美国已经开始走下坡路了。

第二次世界大战以后，流传到美国的实证主义与当地的实用主义结合起来，逐渐形成一种新的分析哲学派别逻辑实用主义。诞生不久，即在美国哲学界占据了主导地位。美国著名的哲学家和逻辑学家奎因是其代表，它的主要著作有《从逻辑的观点看》和《逻辑哲学》等。20世纪60年代末以来，整个分析哲学已经开始相对衰落，逻辑实用主义也难逃这一宿命。

分析哲学有两个流派——人工语言学派和日常语言学派。

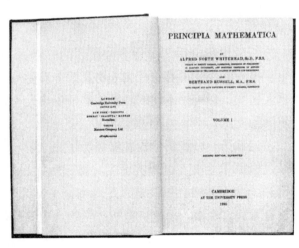

↑《数学原理》书影

《数学原理》一书，为罗素和怀特海合作，他们对逻辑关系的认识有了前所未有的突破，他们在书中指出，数学可以成为逻辑学的分支，揭示出整个数学可以直接从逻辑学中推导出来。

前者认为，日常语言本身具有模糊不清、不确切的含义，要改变这样局面，需要另外创造一种理想的语言，它们主张用数理逻辑符号系统代替日常语言。日常语言学派出现于20世纪30至40年代的英国，它们不同意人工语言学派的观点。他们认为人们思想错误的根源不在于语言本身，而是在于人们理解有误。所以，我们所要做的，不是取代日常语言，而是要正确地使用语言。

## ::历史影响

在分析哲学的发展过程中，哲学家们对逻辑学的发展，特别是对数理逻辑的发展和运用无疑做出了重大贡献，他们强调对语言进行分析，使科学语言更加清晰、明确、合乎逻辑，避免因对语言的使用和理解的分歧而产生混乱和无谓的争论，这对科学家们正确地使用和理解科学语言，无疑也具有一定的积极作用。这都推动了现代哲学的发展。

作为现代西方最主要的哲学流派之一，分析哲学的影响几乎遍及西方各国，在英国、美国和北欧的一些国家中，是占主导地位的哲学。在中欧的德国和法国，虽然自第二次世界大战以后新兴的哲学派别取得了优势，但实际上，分析哲学在这些国家并没有消逝，相反的是，那里有的大学中分析哲学还很活跃。尤其值得注意的是，随着研究的深入，一方面使分析哲学成为一门更富有趣味的学科，另一方面也扩大分析哲学研究的领域。认知科学，生物学的哲学，经济学的哲学，行动理论，甚至哲学史研究，曾经不为上一代分析哲学家所重视，如今已变成哲学中的一些繁荣旺盛的分支学科。有的分析哲学家还预言，心智哲学和社会哲学将在整个哲学研究中处于更加重要的地位。

从时间上看，分析哲学在西方也是于 20 世纪初才开始逐渐形成和发展起来的，但随后就成为当代英美哲学中的主流思潮，并占据着整个西方哲学领域长达近一个世纪。然而，分析哲学在中国却遭受了滑铁卢似的惨败。20 世纪初，罗素对中国进行访问，把分析哲学传入到中国，从那时算起到现在已经近一个世纪。但是与存在哲学、弗洛伊德主义等欧洲大陆思潮相比，分析哲学进入中国的历史至少要早 20 年，但后两种思潮在中国的影响却远远大于分析哲学。这种状况一直持续到现在。

←逻辑实证主义者一直致力于纳粹宣传中的夸大之辞，从而有力地批判了法西斯的意识形态。

# 追寻人存在的终极意义

# 存在主义

存在主义于20世纪20年代产生于德国，第二次世界大战期间，其活动中心转到法国，战后广泛流行于欧美、日本等地，到70年代末逐渐衰落。它是现代西方哲学中影响最大流传最广的人本主义思潮之一，广泛渗透到社会生活和文化领域，以至于变成一种思想方式和生活原则。存在主义的创始人为德国哲学家海德格尔和雅斯贝尔斯，主要代表人物有法国的萨特、马塞尔，西班牙的加塞特，美国的巴雷特、怀尔德等。最负盛名的是萨特。

存在主义的产生是有其社会根源的。两次世界大战将西方人的热情和对未来的信心埋葬在废墟中，西方社会陷入了信仰和科学的危机。存在主义正是在这双重大崩溃中看到了自由的曙光，在各种幻想破灭的信仰废墟上寻求人存在的真谛。

第二次世界大战后，各资本主义国家大力发展科学技术和生产力，创造了巨大的物质财富。但在这同时，人却被异化了，人所创造的先进科学技术和强大的生产力非但没有使人感到幸福、自由，反而却变成了与人相对立的异己的力量。人们感到好像整个社会，一切的一切都同自己作对，受到异己力量的支配，陷入了压抑状态之中。在这种情况下，人失去了自由，失去了尊严，变成了机械的附庸，从而加重了西方社会的精神危机。于是，一些资产阶级的知识分子便产生了一股反机械控制，要求自由和要求过丰富感情生活的情绪，这种情绪就使得强调自由、反对人的异化的存在主义产生并迅速发展起来，形成了一股强大的社会思潮。

存在主义的思想理论渊源是尼采的唯意志主义、柏格森的生命哲学、克尔凯郭尔的人本学激进经验主义和胡塞尔的现象学。

尼采反上帝、反传统价值观念，重视个人、重视个人的自由和创造精神以及强烈的超人意识；柏格森把生命冲动看作是唯一的实在，认为它是一切存在的源泉，强调只凭直觉就可领悟到真理，否认感性、理性和实践的环节；这些都对存主义的产生、发展有重大影响。

海德格尔和萨特的老师、德国哲学家胡塞尔对存在主义的产生和发展有着直接的影响。胡塞尔认为，真理存在于"纯粹的自我意识"的现象中，而要认识这种现象，就必须运用"本质的直观"进行一系列的"还原"，以便最终发现自我意识的先验结构。同时他还认为，意识总是有意针对某个客体的，意识和对象是不可分的，意识活动也就是意识"构造"对象的活动。这种理论促成了存在主义方法论的产生。

丹麦哲学家克尔凯郭尔则被推崇为存在主义的思想先驱，只是他的思想在他的时代并没发生多大的影响，20世纪才受到重视，并被继承和发展，出现了海德格尔和萨特等存在主义哲学大师。

## ::基本思想

存在主义是一种关于"存在"的哲学。它把个人的存在当作哲学研究的唯一对象和衡量一切事物的唯一根据，重点探讨人在世界上的存在、人生的意义、价值以及人的自由等问题，是一种独特的唯我论的主观唯心主义。存在主义分为有神论的存在主义和无神论的存在主义，前者主张在人的精神活动之上还有一个更根本的存在——上帝；后者认为自我的存在就是最根本的存在，不承认上帝的主导作用而强调自我意识。

存在就是人的"自我"。存在主义者认为，只有从人的存在出发，才能理解存在的意义，人的存在是一切事物、一切存在之所以为存在的核心，周围世界的存在是相对于人的存在而言的，是以人的存在为转移的，没有人的"自我"，世界上一切其他事物也无所谓存在。

存在先于本质。这就是说人首先存在着，然后按照自己的意志选择他的本质。用萨特的话说"人是自己造就的"。为此，存在主义者提出"自由选择"，要求个人选择不受任何外来的约束，每个人必须自主地选择价值标准。

存在即荒诞，存在即死亡。存在主义者认为，整个世界荒诞不经，自我以外的一切事物都是个人存在的阻力，萨特说"他人是我的地狱"。在这个世界上每个人都是孤单的、无所依恃的，因此每个人都感到"恐惧"，最大的恐惧是"死亡"。海德格尔给人的存在下的定义是"通向死亡的存在",宣称学习哲学就是"学习死亡",哲学就是对"死亡的研究"。

## ::代表人物

存在主义哲学的发展分为两个时期,前期以始创人海德格尔为代表,后期则以萨特最负盛名。

马丁·海德格尔(1889～1976)是德国无神论存在主义的创始人。1914年大学毕业,获弗赖堡大学博士学位。1915年任弗赖堡大学讲师,1923年任该大学教授。1933年纳粹期间,被任命为弗赖堡大学校长,一年后辞职。纳粹垮台后,他继续任教,后退休隐居乡下,从事著述并研究佛学,1976年病逝。

主要著作有:《存在与时间》(1927)、《康德与形而上学问题》(1929)、《形而上学是什么》(1929)、《论真理的本质》(1943)、《论人道主义》(1947)、《形而上学引论》(1953)、《什么是哲学》(1956)等。

海德格尔认为,哲学基本问题是"存在"问题,"存在"就是指存在着的个人或特定位置上的自我。自我是"根",我的规定性、他人、外物都是建立在我的"在"这个根上的。作为"亲在"的人,他所处的世界是一片虚无,人在这样的虚无中是孤独的、无依无靠的,不可避免地要陷入烦恼、恐惧之中,这样就不得不把存在的不可能性,即人的死亡也作为一种发展的可能性。因此,他认为,烦恼、畏惧、死亡是人的存在的基本状态。

德国著名哲学家卡尔·雅斯贝尔斯(1883～1969)早年在海德堡大学和慕尼黑大学攻读法律,后攻读医学。1909年获得医学博士学位。后在海德堡大学任精神病理学讲师和心理学副教授、哲学教授。纳粹上台后,受迫害被解除教职,侨居瑞典,埋头写作。战后返回德国,任海德堡大学荣誉评议员。1948年又迁居瑞士,任巴塞尔大学哲学教授。1958年因著《原子弹与人类的未来》获得德国出版业和平奖。1969年逝世。

雅斯贝尔斯深受克尔凯郭尔哲学的影响,他的思想是对后者的世俗化和概括。主要著作有:《哲学》(1924～1931)、《理性与存在》(1935)、《存在哲学》

↑海德格尔像
德国无神论和存在主义的创始人,海德格尔认为哲学的基本问题是存在的问题,他的一系列存在主义理论得到了后世人高度的评价。

（1937）、《论真理》（1948）、《哲学信仰》（1949）、《哲学异论》（1950）、《当代人类的命运与哲学思维》（1969）等。

雅斯贝尔斯以人的生存为核心的存在问题，以"大全"的不同模式为依据建构其整个的理论框架。他把世界作为大全的第一个样式，认为世界的根本就是虚无，它分为物质世界、生命世界、心灵世界和精神世界。还有人本身，包括普遍意识、实存、精神和生存。

雅斯贝尔斯认为，自由是人的本质特征，人的存在和自由是同一个东西，由此，他把个人自由和人道主义联系起来，主张以对个人的关切、关怀为中心，建立新的人道主义。

他认为，现代人已失去了独立自主的自由，个别的人已消失于人的类型之中，人的实际存在变成了群众的实际存在，人成了政治、技术、政党和领袖的附属物，现代人已面临着严重的危机。因此，他主张要建立在个人独立自主、个人真正自由基础上的新人道主义。

## ::历史影响

尽管存在主义具有极端个人主义和没落的悲观主义思想，但它强调人用行动对荒诞的世界进行反抗，强调人的自由选择、人的价值和作用等，这些都具有积极意义。正因为如此，20 世纪 30 年代以来，存在主义渗透到了文学艺术、心理学、宗教学、社会学、历史学、教育学等学科和社会生活的各个方面。

**存在主义哲学的特点**

大多存在主义哲学家都采用现象学而不是生物学或别的人文科学的办法去解决人类生命与人类生存的问题。他们经常背离哲学分析以及论证的常规方式，喜欢对存在的具体方式进行讨论。在进行探讨的同时，他们将哲学、文学和语言学三者有机地结合在了一起。

海德格尔、萨特等人的哲学思想给世界带来了巨大的冲击。他们的思想席卷西欧、东欧、美国、日本、东南亚及拉美一些国家，波及文学、艺术、道德教育、社会学和宗教等意识形态各个领域，充斥于讲台、报纸、杂志、剧院等，影响到青年运动、学生运动、黑人运动，甚至还影响到工人运动，成为一种国际的、引起社会各阶层强烈反响的哲学、文学和生活方式运动。这股狂热、强劲的势头，虽因结构主义的兴起在20 世纪70 年代有所减弱，但至今仍是西方社会影响较大的社会思潮。

20 世纪 80 年代，存在主义在中国红极一时，尤其深受青年学生的青睐，至今仍有影响。

## 以人为本的社会新思潮

# 人文主义

  人文主义是欧洲文艺复兴时期新兴的资产阶级反封建势力的一种崭新的社会思潮。最早于14世纪兴起于资本主义发展较早的意大利，在15至16世纪，它在西欧其他国家得到了广泛的传播。直到16世纪，欧洲社会才真正领会到人文学概念的全部含义和价值，便追封创造这一新思潮的先驱学者们为人文主义者。直到19世纪，西方学者才开始使用"人文主义"一词来概括这一延续了300余年的社会思潮。

  文艺复兴在表面上是对古代希腊、罗马文化的复兴，实际上是欧洲新兴资产阶级反抗神学的武器：在强大的神学桎梏之下，只有号召力与之相当、尚存在于人们美好回忆和想象之中的、世俗而非神学的古典文化，才能体现新兴资产阶级的世界观。这也使文艺复兴在许多方面超越了古典文化。

  人文主义要求文学艺术表现人的思想和感情、科学为人生谋福利、教育发展人的个性，要把人类的精神从神学的束缚中全部解放出来。人文主义对文学和艺术有着深刻影响，而且往往是通过文艺作品去影响更广泛的人类的。

  颂扬人性、反对神权。主张尊重人、关怀人、提高人的权威，赞扬人的价值、人的尊严、人的思想。主张个性解放，反对禁欲主义。人文主义者推崇人的情感欲望，提倡追求发财致富，鼓励冒险精神，认为人应满足各种欲望，享受世间幸福和快乐。人文主义者以提倡物质和精神满足来反对宗教的禁欲苦行。主张理性和科学，反对神秘主义和蒙昧主义。人文主义者鼓吹理性，强调教育，崇尚科学。认为人的高贵在于理性的力量，主张发挥人的聪明才智，鼓励探索自然和社会的奥秘。反对社会垄断教育和宣扬蒙昧主义的愚民政策。拥护中央集权。人文主义者从"人"出发，从"经济和理性"出发研究国家，提出了建立一个中央集权的，

↑早期欧洲资本主义的发展

图中描绘的是 16 世纪欧洲的一个城市码头繁忙的情景，随着封建经济的衰退和资本主义的萌芽发展。原有的封建制生产关系越来越不适应时代的发展。新兴的资产阶级逐步登上历史舞台，而要推翻腐朽的封建统治，首先要做的是摆脱封建宗教神学的桎梏，突出以人为本的思想，把人从神学的束缚中解放出来。

以民族为基础的统一国家和反对战乱、反对贵族割据的政治主张。

由于欧洲各国经济发展水平、历史文化背景和地理位置的差异，人文主义在欧洲各国兴起的时间不同，形式不同。15 世纪中期，毗邻意大利地区的德意志大学成为文艺复兴运动的中心；16 世纪初，法国已是中央集权的君主国，人文主义思想主要流行于贵族知识分子中；16 世纪初，西班牙天主教会势力仍比较强大，人文主义思想在西班牙的传播受到限制，文艺复兴进程缓慢，直到 16世纪末 17 世纪初，人文主义文学才出现繁荣；15 世纪，随着"圈地运动"的扩展，英国资本主义生产关系开始形成，英国文艺复兴运动一开始就具有比较雄厚的经济基础和良好的政治条件，16 世纪末 17 世纪初，英国人文主义思想的传播达到高潮。

## ::人文主义文学成就

人文主义文学出现在 14 世纪的意大利，但丁、彼得拉克和薄伽丘是人文主

↑莎士比亚像

英国戏剧家和诗人，被称为人文主义作家。他的作品无论从语言、风格，还是思想上都时时闪耀着人文主义的光芒。

义文学的先驱。

但丁在其代表作《神曲》中，通过对梦境中的地狱、炼狱和天堂中的各种人物的描写，猛烈抨击了腐化的教会和残暴的封建统治者，歌颂了自由的理性和求知的精神，提出了个性解放和宽待异教徒的要求。《神曲》在思想性和艺术性上都达到了很高的水平，因此，恩格斯称他为"中世纪最后一位诗人，又是新时代的第一位诗人"。

彼得拉克的代表作是《歌集》，收入了大量 14 行体抒情诗，竭力要挣脱教会的禁欲主义，体现了以人为本、追求个人幸福的要求和爱情观。14 行体诗这一体裁，对欧洲的诗歌影响深远。

薄伽丘最著名的作品是《十日谈》，这个短篇小说集收入了 100 个故事，以通俗的格调、通过 10 位躲避黑死病的青年的讲述，揭露和讽刺了教会和封建贵族的腐化堕落，批判了封建社会的不平等，对现世生活中的爱情、商人和手工业者大加赞美，反映了市民阶层的价值观，也有力地对动了人文主义的传播。

随着文艺复兴运动在西欧的展开，英法等国也出现了人文主义文学巨匠，莎士比亚和拉伯雷就是典型代表。

英国剧作家莎士比亚一生共创作了 37 个剧本、2 首长诗和 154 首 14 行体诗。杰作《罗密欧与朱丽叶》反映了青年人纯真的爱情同封建偏见之间的激烈冲突；《威尼斯商人》通过对旧式高利贷商人和新兴资产阶级的描写，揭露了高利贷者的贪婪，赞美了资产阶级的勤奋、仁慈和智慧；四大悲剧《奥赛罗》、《李尔王》、《麦克白》、《哈姆雷特》有着剧情生动、背景广阔、形象鲜明的共同特点，反映了资产阶级同封建势力的紧张关系，也体现了人文主义精神。

莎士比亚改造了彼得拉克 14 行诗的文体，采用四、四、四、二的顺序编排，使之更适合英语习惯。他的 14 行诗大多都是情诗，反映了追求现世生活美满、要求个性解放的情感。

法国作家拉伯雷（1494 ～ 1553）的代表作是长篇小说《巨人传》，运用了浪漫主义和夸张的手法描写传说中的巨人国王的游历故事，表现出反经院主义思想，猛烈批判了蒙昧主义和禁欲主义。拉伯雷主张通过教育实现人的个性解放，依靠知识巨人改造社会，因此《巨人传》在一定程度上说，又是资产阶级教育思想和原则的流露。

## ::人文主义美术成就

在欧洲中世纪文化中，基督教的影响占有统治地位，欧洲中世纪艺术也被称为基督教艺术。尽管文艺复兴时期的绘画题材仍以基督教的圣经故事为题材，但是米开朗琪罗、达·芬奇、拉斐尔和提香等人文主义艺术家所塑造的宗教人物是有血有肉有思想感情的人，给这一主流以沉重的打击。

米开朗琪罗的雕塑常以健美的人体为题材，《大卫》就是代表作：以一个身体舒展、昂首挺胸、身体健壮的青年人体来塑造古代英雄大卫，体现了明显的人文主义精神。他的绘画作品以《创世纪》和《末日的审判》为出色，其中《创世纪》一共有300多个英雄形象、《末日的审判》共塑造了200多个巨人，这些形象都是以现实生活中的常人为模特的，同样显示了人文主义思想在米开朗琪罗思想中的闪光。

提香是威尼斯画派的代表人物，其代表作是《圣母升天》，描绘了圣母在上帝和天使的迎接下升天的情景。与中世纪宗教绘画完全不同的是，画中的圣母丝毫没有神秘色彩，反而酷似一个世俗民妇，面部表情体现了对生活的满意之情。16世纪二三十年代，提香连续创作了很多以裸体女神为题材的作品，明确地反对宗教禁欲主义，对女性的美则毫

←哀悼基督　石雕　意大利　米开朗琪罗
这是米开朗琪罗最著名的作品之一，表现的是圣母怀抱耶稣遗体的情景。耶稣仰面躺在圣母膝上，瘦弱的四肢无力地垂落下来，圣母右手托在耶稣腋下，撒开的左手透露出一种无奈的悲怆，微垂的头部和悲戚的面容更显示出内心强抑的巨大苦痛。

不吝惜赞美的笔墨。

## ∷政治思想中的人文主义

随着文艺复兴运动的继续，16 世纪的欧洲出现了人文主义的资产阶级政治思想，在肯定君主权力的同时，又取消掉了加在其上的神圣光环，使君权不再无限。除此以外，还出现了托马斯·莫尔（1478 ~ 1535）这样的否定资本主义制度的政治思想家。

托马斯·莫尔是伦敦富裕市民的子弟，并在牛津大学学习法律，一度担任律师和下院议员。莫尔同人文主义者伊拉斯谟是好朋友，在其影响下写出闻名遐迩的《乌托邦》。在《乌托邦》中，莫尔批判了英国的社会制度和政治制度，认为财产私有制是这些社会弊端的根源，

↑托马斯·莫尔像

莫尔是欧洲早期空想社会主义学说的奠基人，以正直和刚正不阿而闻名。他历任国家要职，但因为在宗教政策上与亨利八世相左而被处死。

只有"乌托邦"是完美的社会制度：社会财产公有、人们在其中都需要为生活必需品而劳动；公职人员有民主程序产生，都是人民的公仆，为人民利益服务；这使人们的道德水准大为提高，无须运用太多的法律就可以维护乌托邦的稳定。

人文主义作为资产阶级冲破中世纪思想牢笼的武器，在历史上是有其进步意义的：人文主义文艺虽然还有宗教题材的作品，但已经更多地关注人本身、而非虚无缥缈的神了；人文主义政治思想为其后历次社会变革中提出"自由"、"平等"、"博爱"奠定了基础。

但是也不应否认，特别是随着时间的推移，人文主义精神当中某些不理性、人类中心主义的过激之处也体现出来，这在人与自然的关系上尤为突出：自然完全沦为了人类的私产和奴婢，是可以被人类征服和改造的，资本主义的发展在这样的理念影响下、特别是工业革命之后，带来了严重的环境破坏和污染。

级政治思想，在肯定君主权力的同时，又取消掉了加在其上的神圣光环，使君权不再无限。除此以外，还出现了托马斯·莫尔（1478 ~ 1535）这样的否定资本主义制度的政治思想家。

中世纪东西方文化交流的桥梁

# 拜占庭艺术

　　395 年，强大的罗马分列为东、西两部分，东罗马帝国迁都到了君士坦丁堡，直至 1453 年奥斯曼土耳其人将其占领，东罗马帝国灭亡。这个时期，历史上称其为拜占庭帝国，在此期间产生的艺术也就被称为拜占庭艺术。

↑查士丁尼与廷臣

这幅作品是拜占庭美术作品中最著名的一幅。它描绘了查士丁尼皇帝及其随从手捧圣餐杯盘和祭品向基督献祭的场景。皇帝居中，头上加绘了象征神圣的圆光，以表示君权神授；皇帝右侧手持十字架的是马克西米安大主教；皇帝左侧是达官显贵与宫廷卫士。画中所有人都处于同一平面上，平端的前臂与叉开的双脚，暗示出人物正在稳步前行。画家并不注重人物的真实，而是要体现帝王与皇权的至高无上、庄严神圣以及宗教礼仪的神秘崇高与超凡脱俗。

东罗马帝国，是世界上历史最为悠久、影响最大的帝国之一。它疆域辽阔，主要处在古希腊文化发达的中心地区，而且昔日罗马帝国的强盛之时也曾经在此间留下了各种影响的痕迹。因此，在拜占庭的艺术中可以明显地看到古希腊罗马传统的强大影响；另一方面，拜占庭又是一个政教合一的国家，基督教在拜占庭的生活中具有主导的地位。其艺术承续了早期基督教艺术作风，内容的表现上受到宗教的限制，以圣经故事、基督神迹为主，富于装饰、抒情、象征等特质。其思想也主要是崇拜帝王和宣扬基督教神学，宣扬其神性，为巩固贵族阶级的统治服务。

拜占庭艺术承袭早期基督教艺术传统，同时又受东方艺术影响，喜欢色彩不喜欢造型，喜欢装饰不喜欢写实的表现。所以，兼有东西方融合的色彩，是东方和古希腊主题融合的基督教艺术。

## ::发展简史

从纵向上看，拜占庭文化在漫长的发展过程中发生了几次大的风格变化，可大致划分为4个阶段：第一阶段为330年到5世纪，为早期拜占庭文化；早期拜占庭艺术仍在一定程度上保持了西方古典传统。这一时期教堂、会场、公共广场仍然竖立着圆雕装饰。一些雕刻和绘画作品中的人物形象有着完美的结构、自然的动态、准确的透视及和谐的色彩。

第二个阶段是6至8世纪查士丁尼时代的文化，是拜占庭文化的"第一个黄金时代"。它的独特风格在建筑、绘画和其他造型艺术中建立起来，艺术观念和形式都发生了变化。艺术家越来越多地强调要表现其内在精神体验，并赋予某种超自然的、神秘的象征意义。

第三阶段则为9至12世纪马其顿时代的文化，是"第二个黄金时代"。8～9世纪的"偶像破坏运动"对艺术发展造成了严重的影响。在843年偶像争论平息下来后，拜占庭美术发展进入了第二盛期，这一时期的艺术创作被纳入一套固定的图像模式，创作主题和表现手法都向程序化发展。最后一个阶段就是13世纪之后，为"晚期文化"。13世纪后半叶至15世纪中叶，被称为拜占庭文艺复兴时期，即帕里奥洛加斯时期，也被看作拜占庭艺术的第三盛期。在这个政治混乱、经济极度衰落的时期，拜占庭艺术却再度获得繁荣，影响到意大利及南欧、巴尔干半岛，并对俄国艺术的发展产生很大影响。

→圣索菲亚大教堂

圣索菲亚大教堂既是拜占庭文化的象征，亦是拜占庭建筑最完美的代表。教堂的外形结构体现了拜占庭建筑的一个典型风格，即对穹顶的强调。圣索菲亚大教堂的穹顶覆盖在长方形的教堂主体上，由两个半球形拱门支撑，同时通过墙体四角石柱之间的拱桥相联结。教堂内部装饰艳丽，大量运用彩色大理石砖、彩色玻璃以及马赛克镶嵌画，其斑斓五彩在天窗射进的光线中闪烁不定，增强了宗教的神秘气氛。奥斯曼帝国时期教堂周围竖立起 4 座高塔，成为现在的清真寺外形。

## ::教堂建筑艺术成就

拜占庭艺术成就集中表现在教堂建筑上。最初，仍沿用早期基督教时期的"巴西利卡式"设计。6世纪时，发展了罗马万神庙式的圆穹顶建筑，这样的设计使其内部空间显得开阔高大。到帝国中后期，四边侧翼相等的希腊十字式设计成为了教堂布局的主要模式，但是穹顶被沿用下来，成为控制内部空间和外部形象的主要因素。

在拜占庭的建筑艺术长河中，建于 532 ~ 537 年间的圣索菲亚大教堂是最为辉煌的代表作之一。教堂的风格明显地受到了罗马万神庙的影响，但是又完全体现出基督教的内省和精神化的特征。其主要结构是一个巨大的圆顶大厅，周围又有许多的窗户，不仅形成了一个气势磅礴、节奏分明的内部空间，而且圆顶的设计仿佛是没有任何支撑的飘浮在空中，透过窗户的光线和圆顶的组合，再加上墙壁上各种闪亮的表现基督精神的镶嵌画，不禁给人置身于光芒万丈的天堂中的错觉。如今的圣索菲亚大教堂已经是世界最著名的博物馆之一。

从 5 世纪开始，纪念性的雕像随着最后皇帝的肖像一起消失了。由于基督教教条教导人们"不要崇拜偶像"，再加上 8 世纪末发生的"破坏偶像运动"，使大型雕像艺术的发展毫无立足之地，石雕也仅限于建筑上的装饰。小型雕刻（尤其是象牙和金属的雕刻）则继续把罗马文化传承下去，达到了一个新的水平。象牙雕刻拉韦纳的《马克西米连宝座》和 10 世纪的《基督为罗曼努斯四世和皇后加冕》是其中的代表作。虽然雕刻缺少血肉的质感，但他们毕竟是生动的形象，也许正是通过这样的渠道，古希腊罗马的艺术精神才得以进入拜占庭艺术的主流之中。

## ::其他艺术成就及影响

拜占庭镶嵌画继罗马时代之后又一次获得繁荣发展。它最早出现在公元前 3000 年前的苏美尔人的艺术中。拜占庭镶嵌画是由小块彩色大理石或彩色玻璃拼嵌而成，色彩鲜明璀璨，并能反射出强烈的光彩，达到一种虚无缥缈的效果。意大利圣维塔莱教堂祭坛两侧的镶嵌画《荣耀基督》以及其两边的《查士丁尼皇帝和随从》和《皇后提奥多拉和女官》是拜占庭绘画的著名作品。画中的人物都被不同比例地拉长了，有着纤长的形体，端正的面孔，专注的大眼睛，庄严的神态和华丽的衣饰。整个画面不注重背景，人物既没有动作，也没有变化，人们

↑圣索菲亚大教堂（内景）

面对的仿佛仅仅是抽象的精神符号，一切只是永恒的存在。

拜占庭插图以东方式的装饰色彩、风格化的形象处理和灿烂的金色背景为特征。这有点类似于连环画，内容基本是圣经的故事。因为当时受过教育的人还不多，所以插图受到人们的喜爱。如《维也纳创世纪》的每页手稿下方都绘有生动而富有表现力的画面。《西诺普福音书》中的插图画有着更多的东方色彩。偶像破坏运动之后的大多数手稿本书籍中，都出现了具有独立艺术价值的插图画。在 10 ～ 11 世纪达到高潮后，插图画盛极而衰。

拜占庭的文学和史学是互相结合的，其作品都贯穿着古代的传统，虽然大半都是为教会服务的，也保存了世俗文学的独立创作。拜占庭人最喜爱的世俗文学就是在历史编纂学的基础上，把历史写成引人入胜的文学读物。查士丁尼时代留下了 3 部重要著作：《查士丁尼战争史》、《秘史》和《论查士丁尼时代的建筑》。编年史家希奈鲁斯和狄奥方都记述了破坏圣像运动时期的帝国历史。君

士坦丁七世（913～959）热心提倡文化，其亲自为其祖父瓦西里一世写的传记，具有很高的史学价值。

拜占庭的哲学以及同它密切联系的数学和自然科学受到教会的摧残，是在极困难的条件下发展起来的。尽管如此，拜占庭的哲学和科学仍在不断地向前发展。早期占统治地位的哲学派别是新柏拉图主义，它的代表人物是边亚尔赫，他既是一个新柏拉图主义者，又是一个数学家，为欧几里得的《几何原理》作过注释。这时的哲学虽为基督教神学所利用，但其自身是唯心的哲学体系，不属于神学范畴。

拜占庭艺术对东西方都产生了深远的影响。它的建筑师、画师、镶嵌画艺匠被各国争相邀请传艺，同时，他们又把东西方各国艺术带回拜占庭，对东西文化交流做出了极大的贡献。其文化所宣扬的基督教精神也使得很多国家抛弃了多神教，改信基督教。人们认为，一元论的犹太思想，近代的共产主义、弗罗伊德行观念说皆是源于基督精神。1453 年帝国灭亡后，拜占庭艺术的历史已经终结，但其艺术形式还为许多东正教国家所利用。

↑皇后提奥拉多和女官

此画是拜占庭艺术作品中的精品，它对人物刻画十分到位，具有很高的艺术价值。

# 被误解为野蛮的辉煌艺术

"哥特"是 12 世纪中叶到 15 世纪文艺复兴到来之前的基督教艺术的总称。哥特式艺术正式诞生于 12 世纪中叶圣德尼大教堂的重建，开始于建筑，后来波及到雕刻和绘画领域……

# 哥特式艺术

　　"哥特"这一形容词是意大利文艺复兴时期的人文主义者发明的，他们把始于 12 世纪中叶延续到 15 世纪文艺复兴到来之前的基督教艺术称为"哥特式"。哥特式艺术正式诞生于 12 世纪中叶圣德尼大教堂的重建，开始于建筑，后来波及雕刻和绘画领域，迅速地在法兰西王国放出光彩，并照耀了整个欧洲。

　　哥特因为曾在中世纪时入侵欧洲，所以被当作野蛮人的代表。用它来形容艺术，是为了贬低在这一时期与古希腊罗马经典不相一致的风格，认为它野蛮怪诞，缺乏艺术趣味。事实上，这种艺术与哥特人并没有多少关系。人们从 18 世纪 40 年代开始，也最终肯定了"哥特式"艺术的价值所在。

　　在哥特式艺术之前，占据欧洲统治地位的是 10 ~ 12 世纪保有古希腊罗马艺术传统的"罗马式艺术"，这是西欧封建社会初期（9 ~ 12 世纪）基督教的艺术风格，被认为是乡村性的。因为这时期的欧洲还是由一些孤立的、相互并不了解的小乡村构成，比如其建筑就缺乏通用的建筑风格，是一些地方性建筑风格的集合体。而 12 世纪中叶开始，欧洲进入了一个被称为"美丽中世纪"的新时代，这些相互独立的个体开始有了联系，城市开始发展起来，成为国家或地区的政治和经济中心。商业和贸易因为城市的需要，也变得繁荣起来。联系的便利也促进了各种思潮的传播，神学、经院哲学和古代经典在这时诞生的首批大学中得到了同样的宣传，使得宗教更能为人们所接受，向着更为人道的方向转变。

　　而另一方面，也许正是因为联系的加强，民族意识也变得更为强烈起来。在教堂的建筑上，人们忽然觉得原有的教堂太昏暗、狭窄，对于旧的空间形式早已厌倦。他们要求亲自建造自己的教堂建筑，充分体现自己强烈的民族情绪和宗教向往。当时欧洲各地，特别是法国，各种直刺青天的哥特式教堂就从结实的大地上长了出来。

## ::哥特式建筑艺术成就

哥特式艺术的成就集中体现在教堂的建筑上，其建筑特点是发明了交叉肋拱、高扶壁、飞扶壁和尖拱结构，它们的应用提供了支撑圆顶重量的新方法，减轻了它对墙壁的侧压力，使墙壁的厚度可大大减少。同时，因为墙壁所负担的支撑作用减少，所以窗户的面积也比以前大大地增加，保证了充分的采光。从而使哥特式大教堂，以轻盈灵巧、高耸挺拔的造型，与厚重敦实的罗马式教堂，形成了鲜明的对比。

在这里，建筑各部分的造型都表现出一种垂直上升的运动感，仿佛要摆脱地心引力，飞向天国。哥特式教堂采用巨大的花格窗和彩色玻璃镶嵌画，代替了墙壁，使整个建筑几乎成为一个透明体。这样，当阳光透过深暗的彩色玻璃窗投入教堂时，置身于教堂内部的人，就会获得一种崇高而神奇的审美感受。

最著名的哥特式建筑是法国的巴黎圣母院。它始建于1163年，随后的100余年中，又陆续加建，因此，外貌既有罗马式建筑的特色，也有哥特式的独特风貌。他的平面布局强调的是长度轴心，中堂的若干布局都体现了罗马式教堂的特点。

但是教堂内部的所有细节都充满着上升的直线，是典型的哥特式"向上高升"的感觉。圣院内部分为3层：下层以柱廊和尖拱构成，中层是带侧廊的隔层，上面为明亮的玻璃窗。三层之间以细长的石柱相连，最后集于肋穹中心，各层皆以尖拱相互呼应、统一。这种和谐而极具逻辑性的建筑语

←巴黎圣母院　法国　12世纪后期

巴黎圣母院是法国哥特式建筑的代表作，图为它的西立面，由三部分组成：最下面是3个由层层后退的尖券组成的门洞，券面布满雕像。门洞上方是所谓的"国王廊"，上有28尊分别代表以色列和犹太国历代国王的塑像；中央部分是圆形的玫瑰花窗和石质中楣窗，分别有圣母圣婴及亚当与夏娃的塑像；上层是一排细长的雕花拱形石柱，左右即为并列的双塔。整座建筑美丽壮观，充分体现出典型的哥特式建筑的特征。

言，是基于经院哲学的体系和思维方式。其西面建筑是教堂最宏伟的部分，这里所有的细节都统一在一个整体中，整个布局和谐、均衡，哥特式风格所追求的几何秩序和比例在这里获得了完美的表现。

哥特式建筑在欧洲各国出现了不同的影响：英国哥特式建筑的发展出现了3个阶段（早期英国式时期、装饰风格时期、垂直式时期），索尔兹伯里大教堂和威斯敏斯特大教堂时期代表作。在德国，哥特式建筑直到13世纪中叶才出现，圣伊丽莎白大教堂代表的大厅式教堂是德国哥特式建筑的典型。在意大利，则把建筑作为掌握空间的方法，发展了中心式组合建筑。低矮的平屋顶、狭小的窗户和宽阔的墙壁，是意大利哥特式建筑一般特征。佛罗伦萨大教堂是这种风格的一例。米兰大教堂代表了另一种哥特式，它那紧密排列的小尖塔充分表达了典型的哥特式精神。

## ∷雕刻和绘画成就

最初是为了追求建筑的效果而转向雕刻和绘画，但随着时间的推移和艺术家们的努力，它们逐渐的走向成熟，并从建筑艺术中独立出来。13世纪后，哥特式雕刻与建筑分离；哥特式绘画巅峰在14～15世纪。

雕刻是哥特式教堂的主要装饰。哥特式雕刻约产生于1137～1140年，它的最高成就出现于1220～1420年。早期雕刻为立柱像，人物的面部表情有着僧侣式的冷漠和刻板。在其后的发展中，哥特式雕刻变得自由和丰富起来，人体的自然比例、姿态获得了越来越准确而生动的表现。附属于建筑的哥特式雕刻强调类型而非个性，表现集体的信仰而非个人的心灵。这到13世纪末就已基本结束。其后的雕刻发展与建筑并行，崇高感被亲近感所代替，纪念碑性让位于绘画性和细节的描写。14世纪的艺术倾向导致了15世纪初的国际哥特式风格，这种风格

↑夏特尔主教堂

夏特尔主教堂是法国第一座纪念圣母的教堂，是哥特式建筑和中世纪文明相结合的辉煌成就，位于法国巴黎附近的夏特尔市。教堂主体呈十字形，西立面有两座高度达90余米，形制各具特色的尖塔。在西面、北面和南面的入口上方均有一个巨大的圆形玫瑰窗。教堂内有近2000幅精美绝伦的彩色玻璃画，描述了4000多个人物，堪称世界之最。

强调表现物象的体积感和重量感，并有着向优
雅、灵巧发展的趋势。晚期哥特式雕刻创作逐
渐脱离了教会的控制，转向同业公会和私人工
场，开始用人间语言表现宗教题材，用艺术描
写代替神学像。哥特式雕刻以教堂装饰石雕为
主，此外还包括木雕、木刻。后一类作品主要
有折叠祭坛、唱诗班席位和各种私人宗教仪式
用的雕像。坐落于巴黎附近的夏特尔大教堂是
法国哥特式建筑发展最杰出的代表。

**↑椰利哥古城的陷落**

这是哥特式绘画作品中的典型，整部作品人
物刻画十分细腻逼真，而且绘画深受当时教
堂雕刻的影响。

哥特式艺术中的绘画主要是彩色玻璃窗上
面的绘画。因为宽大的窗户取代了厚重的墙壁，
所以壁画的发展受到了最大的限制。玻璃镶嵌
画由各种不同形状、不同色彩的小块玻璃片拼
合、镶嵌而成。玻璃镶嵌画通常采用深暗而强
烈的色彩，如以蓝色为背景，以墨绿、金黄为
主调，以紫罗兰色为补色，以褐色和桃红表现肉体。但是实际上，彩色玻璃画最大
的魅力是借助于自外而内的天然光线及其微妙的变化，有时候图例仅仅是一种示意
而已。玻璃镶嵌画的创作受到当时教堂雕刻的影响，二者有着同样的题材和同一类
型的人物。最著名的要算是法国布杰大教堂中的一系列先知的肖像了。

哥特式插图画在 13 世纪中叶法英两国的手抄本书籍中获得最充分的表现。
巴黎是当时影响最大的插图画创作中心。这一时期的插图画创作，开始从修道
院转到世俗艺术家手中，手抄本书籍的功能也从教堂陈列转变为供个人阅读欣
赏。因此书籍及插图画的尺寸缩小，新题材大量出现。其特征之一是边缘画图
案的发展，这种边缘画通常充满各种人物和动、植物的奇异组合，具有浪漫色彩。
边缘画的题材包括神话、幻想、宗教故事和日常生活场景等。插图画的繁荣出
现在 15 世纪的尼德兰。

哥特式艺术风格既反映了基督教盛行的宗教观念，也表现出中世纪城市发
展的物质文化面貌和人们的世俗意识。它作为中世纪一个发展到顶点的强有力
的艺术波及了欧洲各国，并且结合自己的艺术传统创造出各自不同的"哥特式"
风格，其影响力之大，是艺术史上罕见的，因此，世界艺术史上把哥特式风格
称为"国际哥特式风格"。

## 理性与激情的较量

# 巴洛克艺术

巴洛克艺术通常系指 16 世纪末期到 18 世纪中叶之间的欧洲艺术风格。它发源于意大利的罗马，很快遍及了整个欧洲，甚至是在北美的属地。"巴洛克"（Baroque）一词来自于葡萄牙语或是西班牙语，指的是有瑕疵的珍珠及不规则或怪异之事物。18 世纪的古典主义学者用它来总结前一个世纪的总体艺术风格，带有明显的贬抑，因为巴洛克艺术追求情感的表达、夸张的动感、力度和紧张性、光线的强烈对比以及富丽堂皇的装饰等，与文艺复兴时期艺术的庄重典雅有所不同，同时也是对 16 世纪追求矫饰与奇巧的手法主义的反映。

在 17 世纪，一度受到宗教改革的冲击而大为失势的罗马教廷发起了一场"反宗教改革"的运动，在教堂的建筑和装饰上，要以一种使人们眩晕的艺术来重新燃起信徒们的热情；这一时期由封建社会正在向资本主义社会过渡，封建贵族和资产阶级势均力敌，君主专制达到了巅峰，它更鼓舞夸张的艺术，宣传宫廷的世俗力量；思想上，人们虽然仍受到禁欲主义和经院哲学的影响，但理性主义得以确立，思想更加自由；还有，这一时期科学得到了很大的发展，不断持续的重大发现，削弱了人们对于宗教的信仰，却加强了对于自然的关注。巴洛克艺术就这样被孕育出来，带有各种矛盾思想的痕迹，既表现出夸张的力度，又以理性为基础；既强调运动与变化，又带有传统古典艺术的庄重典雅。

巴洛克艺术的第一个标志，是 1577 年乔柯莫·德拉伯塔等人为耶稣会建造的罗马耶稣教堂，其内部琳琅满目的装饰已经表现出了下一个世纪艺术的热情。接着，各种巴洛克建筑接踵而至。伴随建筑发展的便是雕塑和绘画，这三方面作为教堂艺术的综合体总是同步前进的，产生了很多著名的雕塑家和画家。巴洛克艺术还波及音乐、文学甚至哲学。

## ::建筑艺术成就

在意大利，巴洛克教堂不仅体现出宗教的神秘性和炫耀财富的特征，也反映了自由主义的思想。贝尼尼（1598～1680）是巴洛克时期著名的建筑师。他的代表作是罗马圣彼得大教堂广场，整个广场呈椭圆形，横轴线上是两个喷泉，中心是一座方尖碑，广场的两边是284根立柱和88根壁柱组成的巨大环抱形柱廊，这样的设计使人感到：当人们走进广场时，这些柱廊就像教皇的两只臂膀，在接受忠实的信徒。除此之外，主祭坛上面的铜华盖和那29米高的扭曲的巨柱所产生的大胆夸张的上升感也是使人们震惊的典型的巴洛克风格。

↑圣彼得大教堂广场　意大利　贝尼尼

贝尼尼，意大利著名雕塑家、画家、建筑大师，巴洛克艺术最重要的代表，其作品兼具人文主义与巴洛克艺术的双重特点，既体现人的尊严、理想及对美好生活的追求，又显示出明显的豪华性、装饰性和戏剧性。圣彼得大教堂广场是贝尼尼的代表作之一。广场呈椭圆形，以教堂前矗立的方尖碑与两侧的喷泉的连线为长轴，两端各造了一座弧形的大柱廊，柱廊主体是四列古罗马塔斯干式石柱，顶端饰有百余尊圣经人物塑像，其造型奔放而具有动感，让人联想到环抱着的手臂。柱廊与大教堂由左右的走廊相连接，形成一个梯形广场。

波罗米尼也是这一时期著名的建筑师之一，他在突出建筑的独特性和紧张性方面，比贝尼尼更胜一筹。他总是试图在凹进与凸起的表面上不停地大做文章，并希望在上升的部分获得一种强烈无比的效果。典型实例有罗马的圣卡罗教堂。它的殿堂平面近似橄榄形，周围有一些不规则的小祈祷室；此外还有生活庭院。殿堂平面与天花装饰强调曲线动态，立面山花断开，檐部水平弯曲，墙面凹凸度很大，装饰丰富，有强烈的光影效果。

巴洛克的建筑风格很快传遍了欧洲各国，但他们都和古典主义有着密切的联系，在外观上，有着简朴庄严的古典主义风格，仅在内部装饰上体现出一定的巴洛克影响。比如德国的十四圣徒朝圣教堂和罗赫尔的修道院，外观简洁雅致，造型柔和，内部装饰则十分华丽，造成内外的强烈对比。在法国，属于典型巴洛克建筑的凡尔赛宫，是以它的水平、和谐与光亮为基础，并抛弃了巴洛克特有的凹凸起伏、曲面设计，一切显得严格对称，礼拜堂的天花板壁画虽然表现出了巴洛克式的飞升之感，但是整个礼拜堂给人的印象则充满了洛可可式的优雅。

## ::绘画艺术成就

罗马与意大利城市的皇宫和教堂的大天花板顶棚和墙上，布满了寓言叙事性的绘画，卡拉奇兄弟、雷尼、科多纳等著名的艺术家都代表着巴洛克绘画艺术的成就。

卡拉瓦乔（1571～1610）是巴洛克时期特别有创造力的艺术家。他的画中体现出更多的自然主义风格，风俗画多表现下层平民的生活习俗，如《赌徒》。即使宗教画，也总是把宗教事件表现成普通人中间的普通事，如《圣马太与天使》中，圣徒马太被他画成一个光着脚板的粗笨的庄稼汉，在天使的指点下吃力地写福音书。他十分强调明暗的对比，他将物体完全沉于黑暗中，然后用集中的光把主要的部分突出来，使画面所表达的含义由于光线的设置而显得更为有力。同时，人物的动作安排又使人觉得打破了画幅的平面性，是向更深处延伸的，这种透视画法为后来的巴洛克画家所仿效，成为巴洛克绘画的突出特点之一。

在法国，这一时期最有影响力的画家是普桑（1594～1665）。他的绘画表现出浓烈的理性主义色彩，积极地探索并试图用画笔完全的描绘出人物的内心世界。普桑的绘画给人们的感觉永远是柔和的风景、柔和的色调、完美的几何结构和紧凑的秩序，是心灵的绘画，体现出理性与感性完美的结合。代表作品有《阿卡迪亚德牧羊人》、《崇拜金牛》、《花神的王国》、《时光音乐之舞》等。

委拉斯开兹（1599～1660）代表着西班牙巴洛克艺术中最重要的一面旗帜。鲁本斯对他的绘画风格产生了最重要的影响。他早期的作品《煎蛋的老妇人》、《桌子旁的三个男人》、《塞维利亚的卖水者》等形象真实，有着浓郁的生活气息，是过去西班牙美术史上少见的。在1623年，委拉斯开兹为菲利普四世画像，并通过一场平民与贵族之间的斗争而在宫廷中占有了一席之地。《酒神巴库斯》是这一时期的划时代杰作。他极其生动而朴素地描绘

↑酒神巴库斯　委拉斯开兹　西班牙

1628年，委拉斯开兹创作了这幅《酒神巴库斯》。神话题材被描绘得像这样亲切自然。因此《酒神巴库斯》是一件具有划时代特殊意义的作品。在这幅画中，他极其生动而又朴素地描绘了西班牙农民的形象，每张黑黝黝的脸上都留下了深深的皱纹，反映了他们饱经风霜的命运，但是他们的开怀大笑又表现了乐观无畏的性格。

了西班牙农民的形象，终于把带有泥土芳香气息的作品带进了马德里宫廷。他以《梳妆的维纳斯》和《阿拉喀涅的寓言》达到了自己绘画生涯的巅峰。作者十分善于调整前景和背景的关系，利用一切手段增强画面的纵深错觉，体现出强烈的空间感。

在北欧，弗兰德斯的艺术家鲁本斯（1577～1640）代表着巴洛克艺术的最高峰。他成功地将北欧的艺术和意大利的艺术融合为一体，并体现出弗兰德斯的风格，创作了3000多幅作品，被称为巴洛克画家之王，其风格也迅速的传遍了整个欧洲。《吕西普斯女儿们的被劫》中，那丰满的女性人体所展示的激情和富有力度的夸张的人物动作，再加上作者成功运用的光线与空间背景的设置，戏剧性地表现出了人物的暴力与爱慕、反抗与意愿的冲突性内容。晚期的《末日审判》，更是将巴洛克艺术中的激情和运动感推向了极限，从而使巴洛克绘画的长处和潜力，获得了充分发挥的机会。

## ∴雕塑和音乐艺术成就

在整个巴洛克时期，最著名的雕塑家应该是意大利的贝尼尼，他不仅在建筑方面卓有成就，还是雕塑和肖像画方面杰出的大师。他的父亲是雕塑家，所以他很小就为自己的创作打下了基础。他的一生都在为教皇服务，《大卫》、《阿波罗和达佛涅》、《圣德列萨祭坛》等都是代表其成就的著名宗教雕塑。这些雕塑带有一种不可遏止的激情，在静态中我们可以感受到无限的动感，甚至可以想象那冰冷的大理石所塑造的轻盈的薄纱、柔滑的绸缎都带有了身体的温度，我们可以完全感受到人物内心的爱和恨，宗教之中带有世俗的成分。《四条河的喷泉》是贝尼尼为纳沃那广场雕刻的著名的户外雕塑，面对四个方向的老人分别代表者四大洲，象征着教皇对这些地方的影响。整个雕塑的构思十分精巧，棕榈树、树枝、白马、金币等等都使人很容易产生现实的联想，人们对它赞不绝口。

巴洛克音乐也源于意大利，也同样具有华丽、壮观的倾向。这一时期，宗教音乐世俗化，不仅内容上戏剧化了，而且连乐队也成了重要的部分。交响乐团也正是这个时候开始形成的。乐曲的形式变得更加丰富多彩，有协奏曲、奏鸣曲、前奏曲、清唱、大合唱以及歌剧。巴洛克音乐相比文艺复兴时期最重要的特征是它的伴奏部分，这使得器乐的发展和完善得到了积极的促进。巴洛克时代是欧洲音乐走向成熟的年代，其代表人物有巴赫、亨德尔、维瓦尔第等一大批音乐巨匠。

洛可可艺术是指18世纪20年代到80年代起源于法国的一种建筑风格。随后便扩展到作为建筑装饰不可分割的雕刻和绘画上……

昙花一现的贵族情怀

# 洛可可艺术

洛可可艺术主要是指18世纪20年代到80年代左右起源于法国的一种建筑风格，主要表现在室内装饰上。

这一时期，整个欧洲正处于混乱的状态，君权衰落，中产阶级兴起；自然科学日渐发达，人们对于宗教产生越来越多的怀疑；工商业的兴盛与各种民主学说的传播导致了启蒙运动的诞生，自由思想普及。这一切都影响艺术向着不同的方向发展，出现不同的面貌。18世纪，尤其是后半叶，各种艺术潮流交织在一起。在法国，这时正是路易十五统治的时代（1715～1774），对于过去王朝崇拜与虔诚的时代终于结束，宫廷生活奢华糜烂。虽然巴洛克艺术仍在延续，但是，贵族阶级已经不能再忍受古典主义严肃的理性和巴洛克艺术中夸张的动感。再加上当时法国从中国进口大量的丝绸、瓷器和漆器，法国的艺术家们受到了中国工艺品所特有的东方情调的影响和启发，于是，应运而生的是符合贵族和中上层阶级趣味的，以小巧、甜美、精致、优雅和纤细琐碎为特征的洛可可艺术。

"洛可可"（Rococo）一词，来源于法语中的rocaille，原意是指用贝壳和石子混合的一种室内装饰物，最初首先是对室内装饰的一种简单改良，随后便自然而然的扩展到作为建筑装饰不可分割部分的雕刻和绘画方面，进而其影响遍及了欧洲其他地区，促使了新古典主义的产生。

洛可可艺术的特点为细腻柔媚，在室内装饰上，常常采用不对称手法，喜欢用弧线和S形线，尤其爱用贝壳、漩涡、山石作为装饰题材；室内墙面粉刷爱用嫩绿、粉红、玫瑰红等鲜艳的浅色调，线脚大多用金色。整体体现明亮、纤巧，但是又不免繁琐堆砌，有人工造作之感。由室内装饰而引发的其他艺术不免也带有了这样的风格。

## ::洛可可艺术早期大师华托

　　洛可可艺术在半个世纪的发展中，产生了众多著名的艺术家，其中，在绘画方面取得卓越成就的华托、布歇和弗拉戈纳尔是最耀眼的明星。

　　华托（1864～1721），出生于法比交界、原属于佛兰德斯的瓦兰希恩村。最初跟当地一位名声平平的画家学习，后来有机会接触到了剧院生活和卢浮宫中的绘画藏品，尤其是对鲁本斯的作品留下了极为深刻的印象。他还结识了一位擅长描绘喜剧表演的画家。这些都对于他的绘画风格产生了极其重要的影响。虽然华托后来被接纳为法兰西艺术学院的院士，在绘画上也享有极高的声誉，但是他的一生总是居无定所，并且饱受病痛的折磨。因此，他的绘画总是在轻松的表面下掩盖着淡淡的哀愁。他的代表作有《发舟西苔岛》、《威尼斯游乐图》、《吉尔》以及《热尔桑画铺》等。

　　《发舟西苔岛》描述的是一对对恋人依依不舍地离开爱情之岛时的情景。西苔岛，传说是维纳斯诞生之后登陆的地方，被人们认为是爱情的神圣岛屿。画面中，所有的人都是盛装打扮，都在为彼此拥有高尚的爱情而显得兴奋不已，远处是云蒸霞蔚、碧水蓝天，金色的阳光普照大地，还有那缀满鲜花的彩船和

↑**热尔森画铺　华托　法国**
作品是华托为了感谢他的一位朋友、画商热尔森为他提供了安适的居住条件而创作的。当时，他正从伦敦逗留了一年多后回到巴黎，就在热尔森家临时居住。画面上有三组贵族男女顾客，他们正在精心地挑选着称心如意的作品。背景的壁面上挂满了热尔桑平日收藏和准备出售的佳作，左边是两个正在将路易十四的画往箱子里装的包装工人——这一细节是路易十四时代的古典主义时代已告结束的象征。

被弃置在地上无人看管的东西，无一不表现出那欢乐轻松的气氛。但是我们却隐隐约约感到这之下的忧伤之情，作者似乎在担心离开西苔岛之后，没有维纳斯庇护的爱情将会遭到怎样的命运。这样潜在的悲哀在《威尼斯游乐图》中表现得更为明显，整个画面虽然洋溢在女演员舞蹈的欢乐情绪中，但是右边的风笛手眼睛中却流露出紧张、焦虑、烦躁的神情。画家后期的作品《吉尔》将这样的感受无疑完全的表现了出来，吉尔一个人孤独的呆呆地站在那里，两眼出神，双手无所适从的垂着，与画面底端几个正在游戏嬉笑的人物形成了强烈的反差，吉尔就像一个小丑，但我们却没有办法发笑，只是感到那默默的心痛。《热尔桑画店》是画家最后的一幅作品，描绘的是贵族们选画时的情景。画店的墙上挂满了被模仿的名画，漂亮的热尔桑太太在同几位绅士商谈着价格，走进画店的少女迈着优雅的脚步，路易十四的画像被装进箱子里，还有两位纨绔子弟在欣赏一幅裸体画。这些充分的表达出贵族社会的附庸风雅。

37岁英年早逝的华托留下了大批素描，是一笔十分宝贵的财富。在这些素描中，他出色地捕捉住人物的瞬间动作和表情：偷偷一瞥的眼神，袅娜作态的动作，漫不经心的手势，翩翩起舞的姿态，装腔作势的行礼……各种各样转瞬即逝的生动形态，都被画家敏锐的目光和娴熟的技巧所捕捉再现。这些被称作"千姿百态的形象"的宝贵画册，是素描艺术史上前代大师从未企及的新的里程碑，对后来印象派画家的素描技巧影响极大。

## ::布歇和弗拉戈纳尔

布歇（1703～1770），出生于巴黎，早年跟华托学习绘画。但是他比他的老师幸运很多：同样不是贵族出身，但他却一生一帆风顺，不仅得到了罗马大奖，有机会去艺术圣殿学习，而且一回到法国，就名声显赫，成了路易十五的首席画师，并且得到了路易十五的情人蓬巴杜夫人的赏识，自由地出入十分著名的贵妇人沙龙，过着一种完全贵族式的生活。因此，华托的画中没有完全展现出来的洛可可风格中的优雅、轻佻和感性，在布歇的作品中得到了最充分的体现。他的代表作有《出浴的狄安娜》、《梳妆的维纳斯》、《奥莫尔菲小姐》、《维纳斯为埃涅阿斯去求伏尔甘的武器》、《蓬巴杜夫人》等。

狄安娜和维纳斯是画家常用的题材，但是布歇却用她们表现出最完美的洛可可风格。在其中，布歇竭力的描绘了女性的形体美，纤小的手足，柔嫩白皙的肌肤，躯体坚实丰腴，裸体姿色性感而诱人，皮肤圆润如珠，光彩夺目。而

→蓮巴杜夫人　布歇　法国

作为一个宫廷画家，布歇的一生都受着法国国王路易十五的情妇、巴黎风流才女蓬巴杜夫人的控制，其艺术从而代表了整个贵族艺术。在这幅作品中，布歇把洛可可风格发挥到了极点。他把蓬巴杜夫人当作花来描绘，她年轻美貌，着华丽盛装，斜坐在雕像和花丛前，体态娇弱，洛可可宫廷艺术追求的正是这种"优雅、美丽、柔和、娇媚和享乐"的效果。

在《奥莫尔菲小姐》中，动作的大胆和肉感近乎色情。这些画面由于画家对于光线的透明性技巧的高潮把握，完全给我们的视觉最愉悦的享受，后来的印象派大师们从中也大受启发。布歇的作品虽然内涵上不能与他的老师相比，但是其中带有的温和与优雅正好符合宫廷的趣味，被认为是当时最受欢迎的画家。

　　弗拉戈纳尔（1732～1806），出生于法国南部的格拉塞，后来移居巴黎。最初是跟夏尔丹学习绘画，不过这位浮躁的青年对夏尔丹的平静与朴实的绘画题材不感兴趣，而转投布歇门下。弗拉戈纳尔将布歇的画风发展到了极致，妩媚的人物、华贵的衣饰、轻佻的动感都达到了无以复加的地步。这方面的代表作是《秋千》（这是画家关于爱情的系列画《爱情的进展》中的一幅，其他三幅为《爱情的誓言》、《插销》、《爱情之泉》），画中在树林里荡秋千的女子故意在高空将鞋子踢去，眼中流露出明显的挑逗，要在下面注视她的情人为她捡起。女子穿着有着众多夸张褶皱的衣裙，却将左脚高高抬起，露出光洁的小腿，暧昧的情绪尽在不言中。左边刻意安排的丘比特雕像将手指放在嘴上，还有带有暗示色彩的浮雕基座，都将画中的意味渲染得淋漓尽致。我们不得不对画家那柔软的画笔和那高超的技巧感到由衷的敬佩。

　　弗拉戈纳尔曾两次去意大利学习，十分喜爱罗马和那不勒斯地区的风景，回到巴黎以后，专心致志的画风景画，而不再参与其他的绘画。但是他的肖像画作品，如《狄德罗》、《阅读的少女》、《舞蹈家吉玛尔》所表现出来的潇洒奔放的手法，也是后来的画家模仿的对象。《小公园》是弗拉戈纳尔所做的风景画之一，画面上的人物已经变得很小，而对于形成拱门状的参天大树和雕像以及

→ 秋千　弗拉戈纳尔　法国

此木板油画是弗拉戈纳尔最著名的代表作。作品描绘的是一对贵族夫妇在茂密的丛林中游玩戏耍。年轻的贵妇人正在荡秋千，眼光中充满挑逗，她故意把鞋踢进树林中，其夫被引得四处忙乱地寻找，她反而恣情大笑。作品趣味虽然轻佻俗艳，却很符合当时贵族的口味，无论题材与形式，都体现了典型的洛可可风格。

光线加以了极致的发挥。随着洛可可艺术的衰落，弗拉戈纳尔虽然也曾努力适应新古典主义的画风，但是最终失败了。

在雕塑上，法尔科内（1716～1719）是这一时期最有力的代表。他的作品总是带有一种苍白无力的优雅，如《彼得大帝》；也带有轻佻、娇媚的典型洛可可风格，如《音乐》、《冬》等。他的雕塑中，柔润、小而尖的手足是重要的标志，而且他认为大理石不能够完全体现圆润之美，改为瓷器制作。这一点被王宫的装饰大加利用。

洛可可艺术中带有的消极因素，最终使它遭到猛烈的抨击。18世纪80年代，以理性反对放任、以回归自然反对矫揉造作的"新古典主义"最终取代了兴盛一时的贵族艺术。

印象主义用新的技巧展示了客观世界和人们主观精神世界的丰富性，它们拓展了人们的审美领域，它们为艺术家发挥个性提供了新的可能……

## 欧洲艺术之舟驶向现代的渡口

# 印象主义

印象主义艺术起源于 19 世纪 60 年代的法国巴黎，一直延伸到 20 世纪早期。"印象主义"得名于 1874 年一群"无名画家、雕塑家和版画家"举行的非官方沙龙。在那次沙龙展览里，有一幅出自莫奈之手的油画《印象·日出》，评论家路易·勒鲁瓦将此次沙龙展览戏称为"印象主义者展览"。

应当说，法国是 19 世纪西方美术的中心，而主宰法国画坛的，是有势力的官方学院派。他们和

↑莫奈像

莫奈是法国近代绘画史上最杰出的画家，被称为"印象派之父"。

↑印象·日出　莫奈　法国

这幅画是画家通过自己的印象而画的：这是一个多雾的清晨，在美丽的法国勒阿弗尔港口，画家透过晨雾观看太阳初升的瞬间印象。

社会舆论在谈及印象主义的时候，大多持有讽刺口吻。因为印象主义和传统学院派的反差实在太大了，以至于有些人甚至怀疑印象主义者是否会用画笔。但也恰恰是印象主义及其演变历程，成了欧洲艺术走向现代的渡口。

19世纪晚期，随着新科技被运用到工农业生产中，欧洲生产力得到了前所未有的发展，但是经济生活又相对萧条，繁荣与萧条共存于欧洲社会。在社会精神生活方面，进化论、马克思主义、唯心主义、功利主义和实用主义都有各自的信徒，没有谁占据主导。这种背景使文艺也具有了双重性：一方面与传统风格相联系，另一方面也追求标新立异。印象主义、新印象主义、后印象主义就是具有双重性的艺术思潮和流派的代表。

## ::印象主义早期的发展

在法国，印象主义一出现，就激烈地反对古典画派和浪漫主义。印象主义画家们在创作中尽力描绘事物的瞬间印象，画风的主要特点是注重感觉、忽视思想本质；用素材代替题材；用习作代替创作；用次要代替主要；用偶然代替必然。印象派画家丰富了对光与色的表现手法，并且倡导户外写生、迅速把握瞬间的印象，使画面新鲜生动。

印象主义绘画是对现实主义绘画的扬弃。浪漫主义的德拉克洛瓦被后人称作"打开印象主义天窗"的画家；巴比松画派在大自然中写生，为印象主义画家开了先河，库尔贝的画中已经充满了阳光，被称作"印象派之父"。

↑打阳伞的女人　莫奈　法国
画面描绘的是一位戴面纱的年轻漂亮的女子用阳伞挡住日光照射，是印象主义运动最具象征性的形象之一。色彩全部是淡色调，其和谐程度几乎达到了登峰造极的境地。

印象主义是一个松散的艺术社团，没有明确的纲领，将艺术家集合在一起的仅仅是彼此相近的画风。印象主义画展分别在1874、1876、1877、1879、1880、1881、1882和1886年举行了8次。除了第一、第四和第八次外，均使用"印象主义"作为展览名称。但是在第八次画展结束后，印象派就解体了，只剩下莫奈（1840～1926）继续进行印象派的尝试。

莫奈是最典型的印象主义画家。他是印象主义的创始人之一，并一生坚持印象主义画风，任何苦难都无法改变他对光与影的追求。他 1872 年在勒阿弗尔港所绘《印象·日出》成为印象主义的命名来源。莫奈的风景画突破传统题材和构图的束缚，完全以视觉感知为主要出发点。1877 年，莫奈完成了《圣拉扎尔火车站》，并没有费过多笔墨描绘车站的人流，而是对火车进站时发出的蒸汽施以浓墨重彩，通过站内站外的光影对比，使人们的视觉受到震撼。

在印象派解体之后，莫奈孤军奋战，又完成了《草垛》和《卢昂教堂》组画。这些风景组画侧重表现同一场景在不同季节、不同光线气氛下的外观变化。他晚年创作的《睡莲》组画更加突出地体现了对这种艺术风格的追求。莫奈的作品气势恢宏、有着很强的艺术表现力，画面的朦胧和宏大的装饰效果，也是他创作的显著特色。莫奈的不懈探索，给其后的抽象主义画家以很大启发。

## ∷新印象主义发展简史

这是印象派绘画衰落之前就已经出现的一个支系。"新印象主义"一词是由费利克斯·费内翁于 1884 年在布鲁塞尔的美术杂志《现代绘画》上首先使用的，它试图将光学原理作为艺术实践的指导。

新印象主义画家根据色彩分割理论进行绘画，所以也被称作"分割主义"或"点彩派"。代表人物是修拉（1859～1891）和西涅克，他们所运用的色彩和笔触是科学和严格化的，不像印象主义画家那样富有感情和生动潇洒，如果说以莫奈为代表的画派是"浪漫的印象主义"，那么新印象主义就称得上是"科学的印象主义"了。在光影的表现上，新印象主义进一步发展了印象主义的手法，而且在某种意义上也对印象主义有所反动，注入了古典的理性精神。

建筑在科学理论和理性基础上的新印象主义，在一定程度上恢复了绘画的具体性，且强于色彩分析，但是由于过分注重法则和规则，也使绘画丧失了生动性。于是，导致了极端的变革——后印象主义的诞生。

## ∷后印象主义发展简史

指塞尚、高更、凡·高、雷东、波纳尔等人的艺术观念和实践，"后印象主义"一词是在 20 世纪 20 年代之后才被普遍使用的，泛指印象主义之后的在观念和实践上与之相左的艺术潮流。后印象主义者大多都从学习印象主义开始，塞尚和高更还参加过印象主义画展，但是又试图另辟蹊径，最终达成了共识：绘画不能像印象主义那样仅仅模仿客观世界，而应更多地表现画家对客观事物的主观感受。但是后印象主义从来没有一个社团，甚至像印象主义那样松散的组织也没有过。这些画家们在20世纪初相继谢世，后印象主义也逐渐失去原有的活力。

后印象主义的主要代表人物是塞尚和凡·高。

保罗·塞尚(1839～1906)出生在法国南部，青年时期学过法律，1862年到巴黎专攻绘画，曾多次参加印象主义的画展。他自始至终都在追求心目中永恒的形体和坚实的结构，用色的团块表现法来描绘物象的体积、深度，用色彩的冷暖关系来造型，最后达到简单化和几何化效果，这使他成为后来的立体主义和抽象主义的始祖。塞尚晚年才得到社会的普遍承认，1895年首次举行大规模个人画展，代表作有《吸烟者》、《花匠瓦勒的肖像》。

↑保罗·塞尚像

荷兰人文森特·凡·高(1853～1890)生于农村牧师家庭，青年时期当过传教士。1880～1886年先后在荷兰、比利时学画，画风受印象主义和新印象主义影响，可以说是印象主义、新印象主义与日本浮世绘版画相融合的产物。失恋、传教不成功等挫折

←向日葵　文森特·凡·高　荷兰

凡·高素来喜爱向日葵，也十分热爱黄色，这幅著名的《向日葵》是在阳光灿烂的法国南部创作的。画中凡·高以强烈的视觉刺激和急速蜿蜒的粗大笔触，使整个画面具有一种紧张的运动感，同时又是那样和谐、优雅甚至细腻。单纯而强烈的色彩中充满了智慧和灵气。观者可以明显感受到，凡·高似乎是在一种难以控制的状态下作画的，他炽烈的激情与表现技巧和谐地统一在一起，从而使人被那激动人心的画面效果所感应，心灵为之震颤，激情也喷薄而出。

使凡·高患上了精神病，有一次在恍惚中用剃刀割去了自己的耳朵、最后在精神错乱中自杀，年仅 37 岁。凡·高的代表作有《向日葵》、《邮递员罗林》、《洛·克罗田野》等，把油画中色彩和线条的表现力提高到了新境界，强烈地表现了自己的个性。挪威画家蒙克和德国表现主义画家受凡·高影响最深。

# ::印象主义音乐

印象主义音乐产生于 19 世纪末，是受象征主义文学和印象主义绘画的影响而出现的。印象主义音乐更多地描写那些图画给我们的感觉或印象，渲染出一种神秘朦胧、若隐若现的气氛和色调，是音乐进入现代的开端。

法国音乐家德彪西和拉威尔是印象主义音乐的杰出代表。除此之外，还有法国作曲家杜卡和意大利作曲家雷斯庇基等人物。

德彪西（1862 ～ 1918）出生于巴黎附近的一个小镇，11 岁便进入巴黎音乐学院，尽管他 20 岁时便获得了罗马作曲大奖，但仍然渴望艺术上的更大的创新。在 19 世纪的最后 10 年中，他写出了大量的音乐作品和音乐评论。同印象派画家关注景物的瞬间效果一样，德彪西也关注音乐的瞬间效果。他强调音乐中那些可以立即感知的因素，而不是需要在时间中展开的因素。他摆脱瓦格纳歌剧的影响，创造了具有独特个性的表现手法，《版面》、《欢乐岛》、两集《意象集》和《二十四首前奏曲》都是印象主义的精品。

印象主义否认艺术创作中想象力的作用，排除叙事性的文学内容，使绘画的语言得到充分发挥，为绘画中的形式主义和抽象主义首开先河；后印象主义则直接影响了 20 世纪注重画面结构的立体主义（受塞尚的启发）和注重色彩、线条动力与节奏的野兽主义（受凡·高和高更的影响）的出现。

虽然印象主义音乐主要集中在法国、盛行的时间也不很长，但这种风格对于近现代音乐的发展所起的作用是不可估量的，是浪漫主义音乐向现代音乐过渡的桥梁之一。20 世纪的"表现主义"、"序列音乐"等流派都受到了印象主义音乐的影响。

总的来说，印象主义及其支脉，用新的技巧展示了客观世界和人们主观精神世界的丰富性，它们拓展了人们的审美领域，它们为艺术家发挥个性提供了新的可能。这些新思潮和新流派本身是艺术领域中的革命，它们同时也孕育了 20 世纪艺术更为激烈的、难以自我控制的变革。

用荒诞精神诉求人类的现实命运

# 表现主义

表现主义是产生于 19 世纪末、盛行于 20 世纪前 30 年、涉及文艺各个领域的思潮和派别。它最初是一个美术流派，后来扩展到文学和其他艺术领域。它的主要活动基地在德国。但作为泛表现主义思潮，在欧洲各国均有所反映。

德国表现主义是个复杂的艺术流派，它的成员包括不同政治倾向和思想倾向的青年知识分子。他们对资本主义的都市文明不满，对机械文明压制人性和个性反感，并从东方和非洲艺术中吸收营养。表现主义的艺术家们反对机械地模仿客观现实，而主张表现"精神的美"和"传达内在的信息"，强调艺术语言的表现力和形式的重要性。其中有些人在社会的不平等和人类灾难面前有一种强烈的改变现实的紧迫感。他们用画笔刻画社会生活的黑暗面，描绘在生命线上挣扎的、渺小的人，也时常在作品中流露出悲观和伤感的情调。

## ::表现主义文学

表现主义文学盛行于西方，在德国和奥地利声势最大。

表现主义作家的作品充满了狂热的激情，惯用极度的夸张和变形来表现主观的意念。另外就是高度的抽象化，他们的作品一般不描写特殊或具体的事件和人物，而用一种普遍的象征手段，来揭示全人类的命运。

表现主义文学先驱、瑞典杰出的文学家斯特林堡 (1849 ~ 1912) 从小就没有家庭的温暖，成年后又经历三次失败婚姻的痛苦，一生奔波颠沛，身心的创伤曾使他一度精神失常。他一生创作了 62 部戏剧和 60 部小说。著名小说有《红房子》和《黑旗》等。戏剧代表作是《到大马士革去》和《鬼魂奏鸣曲》。

《鬼魂奏鸣曲》是斯特林堡最有代表性的作品，也是表现主义最主要的戏剧之一。剧中的活人、亡魂、木乃伊等同时登场，组成了一幅荒诞不经、惊心骇目的画面，形成了一个神秘抽象的梦幻般的场景：在这个世界里充满了罪孽和痛苦，人与人之间完全处于敌对的关系之中。这是作者对丧失人性的现实社会的愤懑和深深的悲哀。

1936 年，诺贝尔文学奖授予了美国著名戏剧大师尤金·奥尼尔 (1888 ~ 1953)，人们认为他和希腊悲剧、莎士比亚、萧伯纳一样具有世界性的地位。

奥尼尔童年曾随剧团到处奔走。上大学时因恶作剧被勒令退学，从此开始了他那失望和痛苦的生活，当过水手和无业游民，混迹于落魄的江湖人群中。三次不幸的婚姻也将他推上精神沮丧的边缘，险些自杀。他一生写有 47 个剧本，其中最著名的是《琼斯皇帝》和《毛猿》。

《毛猿》主人公杨克是一艘邮船上的司炉工人，穿着粗布裤子，袒胸露臂，满身煤黑和长毛，很像远古的猿人。他头脑简单但精力充沛，充满了盲目的自信，认为自己就是推动这艘船前进的驱动力。他的命运却被钢铁公司老板的女儿米尔德里德的一句话给彻底改变了。杨克发觉自己的安身立命之地原来是虚幻的，而自己无所归依。他在醒悟中不安、愤怒，发誓要报复。他向她所代表的上流社会"复仇"，在第五大街他向太太和绅士挑衅、辱骂，可人们对他熟视无睹，他反被抓进了监狱。出狱后，他到世界产业工人联合会要求用暴力毁掉资本家的财产，却被当作奸细赶了出来。万念俱灰的杨克来到动物园，试图与猩猩为伴，但却遭到猩猩的攻击，

↑斯特林堡像
瑞典戏剧家、小说家、诗人和散文家，被认为是瑞典文学史上最伟大的作家，是表现主义文学的先驱。

↑奥尼尔像
美国最杰出的剧作家，亦为一向极其主观的剧作家。其作品包括恶梦式的表现主义作品、化妆剧、斯特林堡式尖酸的婚姻、圣经式的寓言故事、多幕剧，甚至大型多幕剧及对希腊悲剧的重新改写诠释，总共有 30 部长篇剧作、12 篇短剧及其他许多未上演的作品。并且，他的作品几乎应用戏剧史上一切可以运用的非语言资源，例如音乐、面具、舞蹈、哑剧以及不常见的场景道具和新奇的音效。

最终死在铁笼子里。

杨克的不幸遭遇，是西方现代人的异化与失落的反映。他是工业机器的奴役者，又是现代社会中只有动物性却没有社会归宿的"毛猿"。他虽然自信自己与机器的力帚，但终究是机器的奴隶。杨克成为既与自然失去联系又与机械文明格格不入的现代人的象征。

## ::表现主义文学大师卡夫卡

↑卡夫卡像

卡夫卡（1883～1924）是表现主义文学成就最大的作家，也是现代主义文学大师之一。他的作品描述了一个到处充满现代人的困惑与危机的世界，深刻地揭示了"现代人的困惑"。整个现代主义文学都受到他的强烈影响。

卡夫卡出生于奥匈帝国的布拉格的一个犹太人家庭。父亲性情暴躁，有如暴君，以致他成年后一想到父亲就感到痛苦和恐惧。他获得法学博士学位后，一直在保险公司任职。39岁时因病辞职，41岁患肺结核而病逝。终身未婚。卡夫卡一直生活在孤独、苦闷和抑郁之中，生性柔弱、敏感、胆怯、内向，他的作品也充满了深切的孤独感和荒诞感。

卡夫卡在生前几乎默默无闻，去世前他交代最好的朋友马克斯·布洛德将他的全部手稿烧毁。布洛德违背了朋友的遗愿，将他未发表的作品整理出版。

卡大卡生前曾发表过的短篇小说主要有《判决》（1913）、《变形记》（1915）、《在流放地》（1919）、《饥饿艺术家》（1924）等，生前未发表的作品有三部未完成的长篇小说《美国》（1912～1914）、《审判》（1914～1918）和《城堡》（1922），还有34篇短篇小说。

《变形记》是其代表作。格里高尔·萨姆沙一天早上醒来，发现自己变成了一只大甲虫。他

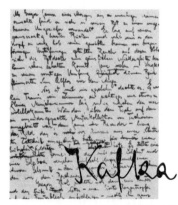

↑卡夫卡《变形记》的首页笔迹及亲笔签名

首先担心的是要丢掉工作，他还得去赶 5 点的火车出差，他焦虑万分。这时，母亲来敲门询问，父亲不耐烦地催促，妹妹不安地来敲门安慰，公司的秘书主任也赶来询问事由。当他好不容易用牙齿扭动钥匙把门打开，秘书主任发出惊叫，母亲当场晕倒，父亲露出了恶狠狠的神色。从此，格里高尔厄运降临，丢失了工作，遭家人厌恶。慢慢地，他有了虫性，喜欢爬行，吃霉变腐烂的食物。最后，他在孤独、寂寞、自惭形秽和饥饿中悄然死去，一家人才因终于卸掉了这个包袱而倍感到轻松，甚至带着保姆痛痛快快的出去旅游了一番。

格里高尔的变形，正是现代人的自我价值与个性丧失的悲剧。人们掌握不了自己的命运，既被淹没于群体之中，又处于与世界、与社会、甚至与人自己的隔绝状态，听任外在力量的摆布。格里高尔的命运折射出了现代人的触目惊心的生存境况：人与人之间的隔膜以及由这一隔膜造成的孤独与绝望，这是人与人之间相视为异类的异化状态；也是人走向"非人"的现代人的必然归宿。

## ∷表现主义美术

德国表现主义美术继承了中古以来艺术中重个性、重感情色彩、重主观表现的特点。在造型上追求强烈的对比，追求扭曲和变形的美。

1892 年，挪威画家蒙克（1863 ～ 1944）的作品展在柏林美术家协会举办，推动了德国表现主义的兴起。

1905 年，桥社成立，主要成员有基希纳、黑克尔、米勒。桥社的不少画家画风景和裸体，表现人和自然的原始性，歌颂性解放，反抗资产阶级虚伪的道德观。1913 年分裂。

1911 年，慕尼黑成立了青骑士社，成员除康定斯基、马尔克和明特尔外，还有马可、彭东克和作曲家勋伯格。他们参加编辑部的讨论会、撰写稿件，参加展览。第一次世界大战爆发后中止了活动，对德国以至欧洲的现代绘画起了推动作用。

康定斯基（1866 ～ 1944）1896 年从俄国移居德国。1911 年，他和马尔克组织"青骑士编辑部"。

↑康定斯基像

1866 年出生于俄国，作为抽象艺术的创始者而广为人知。在那个时代，有许多画家就各种表现形式的抽象化进行了实验，但没有哪一位画家能像康定斯基那样，以众多的著作、随笔，特别是以《艺术的精神》来阐述其理论，探求抽象的形式。康定斯基也是一位卓越的音乐家，他说听到了音乐便看到了色彩。他写道："色彩就是键盘，眼睛就是和弦，灵魂便是拥有众多琴弦的钢琴；所谓艺术家就是它的演奏者，触碰着琴键，令灵魂在冥冥之中产生震动。"

十月革命后一段时间，康氏曾任莫斯科人民教育委员，1921年到德国魏玛包豪斯任教。他的抽象主义理论著作有《论艺术的精神》(1910)、《论具体艺术》、(1926)中。他强调绘画的自律性；强调色彩和形的独立表现价值；主张画家用心灵体验和创造，通过非具象的形式传达世界内在的声音；他试图把勋伯格抛弃了调性原则的音乐转译为绘画。他开辟了西方抽象艺术的先河。

新客观社出现于1923年。提倡用写实的手段揭示客观现实，对失去人性的现实，对市民的庸俗气作猛烈的抨击。他们不要求极端地分解和歪曲客体，而是注意细节的真实性；他们让抽象的语言服从于真实地揭示客观现实的要求。代表人物是格罗斯(1893～1959)、迪克斯和贝克曼。格罗斯是一位杰出的漫画家，它的作品含有尖锐的政治性和社会性，讽刺艺术语言简洁而犀利。鲁迅评价他的作品是"漫画而又漫画"。

19世纪末20世纪初，北欧许多艺术家都曾受到青年风格的影响。除挪威画家蒙克外，性格忧郁、不为世人所理解的比利时画家思索尔(1860～1949)创造了别具一格的荒诞艺术语言，尔后受到超现实主义艺术家们的推崇。奥地利代表人物克利姆特把写实的古典艺术的造型和构图与工艺美术的装饰性色彩和线条结合起来，在绘画领域内创造了一种含有怪诞和幻想意味的风格。

→呐喊　蒙克　挪威

《呐喊》又名《呼号》，在这幅画中人对孤独与死亡的恐惧感被淋漓尽致地刻画出来。恐惧感始终魔影般不离画家左右，因此他在此画中把那种常常纠缠着他的恐惧赋予概括、更含糊乃至更恐怖的表现。凄惨的尖叫在画家的描绘下变成了可见的振动，像声波一样扩散。画中那婉转随意的线条，与画面内容相吻合，十分具有表现力。

## 色彩狂野的自由释放

# 野兽派

　　野兽派是从 1905 年到 1914 年现代派美术史上"前卫运动"时期中最初的一个美术流派。野兽派是对学院派的背叛，追求更为强烈的艺术表现。

　　1905 年，在巴黎多丹那画廊的秋季沙龙上，展出了马蒂斯等一批青年画家的油画作品，这些作品画风与众不同，笔触、色彩比较狂野，艺术批评家路易斯·伏塞勒看到一尊多纳太罗式的小雕像，便惊呼："多纳太罗被野兽包围了。"这就是野兽派名称的由来。

　　"野兽"一词特指色彩鲜明、随意涂抹。那群画家广泛利用粗犷的题材，强烈的设色，来颂扬气质上的激烈表情，依靠结构上的原则，不顾体积、对象和明暗，用单色代替了透视。野兽派画家最终实现了色彩的解放，高更、凡·高、修拉、纳比派和新印象主义，都曾以不同的方法对此进行过探索。野兽派崇拜伯格森的直觉主义，并受弗洛伊德的心理分析学说的影响，宣称人的特点是生活的意志、人的本能与潜意识之间的斗争，而潜意识将战胜理智。野兽派强调色彩对比，认为色彩是绘画的基本成分。野兽派宣称，绘画首先应该是纯粹的美的经验的表现，其目的在于线条、形态和色彩的欣赏，别无他求。马蒂斯说，艺术的最高目的是给人提供愉快，给人以安宁。野兽派学习非洲雕刻、东方绘画和工艺品的表现方法，多用大块和粗犷的线条和夸张的笔法，追求单纯化的装饰效果。

　　野兽派的画家们虽然在艺术观点上有其一致性，但他们更加强调的是艺术风格的独创性。他们并未发表共同宣言，只是在一起举办过几次展览会。野兽派卓有成效的艺术活动大概仅仅保持了 3 年时间，由于他们个人风格的逐渐变异，而慢慢偏离野兽派的风范，而探索着各自的道路。只有创始人马蒂斯仍然坚持在既定的道路上奋进着，直到生命的终结。

## ∷野兽派主将马蒂斯

马蒂斯（1869 ～ 1954）是野兽派的领袖。他出生在法国北部一个富裕的粮商之家。1887 年，他在巴黎学习法律，然后做了一个律师事务所的职员。1892 年，他放弃了法律的前程，开始学习绘画，并进入朱利安学院，从师于学院院士布格罗。第二年，进了巴黎美术学院，从师于著名象征主义画家莫罗。莫罗鼓励学生实验和探索，他的许多学生后来都成了野兽派的主要画家。

莫罗对色彩的装饰美有独到的造诣，马蒂斯在色彩上的创造性不容怀疑有其影响。对马蒂斯的早期艺术影响很大的另一位画家是塞尚。马蒂斯曾经说过："当我还在探索自己的道路之际，有时为自己的发现而感到胆怯，在这疑虑的瞬间，我就想：'如果塞尚是对的，那么我也是对的'；因为我知道，塞尚从来没有犯过错误。"塞尚所给予马蒂斯的更多的是摆脱传统艺术羁绊的勇气和信心。

研究非洲土著雕刻和近东阿拉伯的艺术对他的新画风产生了影响。他常常喜欢用红色、橙色、黄色等暖色作为画面的主调，并利用奔放的笔触表现出色彩的响亮和力量。1905 年，当他和一群年轻画家展出创造性的作品时，遭到不少人的非议，但受到美国收藏家史丁和俄国收藏家舒金、莫罗佐夫的支持，他们购买了马蒂斯的作品。

↑马蒂斯像

法国著名艺术家，是野兽派绘画领域内的主将，马蒂斯对绘画有着非常独到的见解和理解，他的画风对欧洲的雕刻艺术产生了很大影响。

此时，他开始用对比强烈的纯色作画，效果鲜明，有着装饰趣味。《科柳尔，开着窗》、《生活的快乐》和《淋浴者与海龟》等是此期的艺术精品。《科柳尔，开着窗》是用纯色塑造结构的引人入胜的野兽派代表作品，表现室内明暗的洋红色和蓝绿色与阳台上的朱红和绿色，对比强烈而又和谐，马蒂斯一直偏爱这种主题，它不过是墙面上的一小部分，窗户占据了一大片地方，窗扉对着世界大大敞开——阳台上摆着花盆，还长着藤蔓，然后就是大海、天空和船只。这里的内墙和窗扉，是由一条宽宽的竖条构成，用了鲜明的绿色、蓝色、紫色和橙色；户外世界，则是一片鲜艳的

↑生活的快乐　马蒂斯　法国

在艺术的形成过程中，印象主义对于马蒂斯影响很大，他热衷于观察自然和表现自然界瞬息变化的美，他的色彩也明亮鲜艳。此外，对东方艺术和非洲艺术，马蒂斯也怀有浓厚的兴趣，他追求那种"原始性的艺术"，并从中得益匪浅。这幅画集中体现了马蒂斯的艺术风格。

小笔触构成的装饰华丽的图案。

　　马蒂斯不断地进行田园牧歌式的人物构图探索。他在1905年的《田园曲》中，重新使用了印象主义者的突变的色彩图案。接着，他创作了著名的《生活的快乐》，这是马蒂斯最好的人物风景画之一。这幅作品以大片的纯色和平涂配以富于美感而有节奏的轮廓线，效果鲜明，装饰趣味很浓；整幅作品组合巧妙，人物和树木的线条蜿蜒起伏，尽管在透视上故意缩小了，但它们仍然作为一种图案存在于画面。这是一首地道的田园诗，一切沉浸在一种世俗的倦怠情调和田园牧歌式的快乐之中。这幅作品像毕加索在其后的一年里创作的《亚威农少女》一样，也是现代绘画抽象笔法的始祖，其影响甚至超过了毕加索的那幅伟大的作品，因为后者一直到1938年才得以公开展出，而《生活的快乐》却立刻被格特鲁德和斯坦因买去，他们的收藏，使这幅画作多年来广为人知。

　　1906年以后，马蒂斯开始创造出一种较为宁静、庄重的画风。这是一种对

↑舞蹈　马蒂斯　法国
此画在绘画上厚重有力，认识上洞察秋毫。画家所采用的表现手段无论是线、点、面、块、色彩、轮廓都力求简略到最大限度，具有很强的表现力。马蒂斯这种要求艺术表现要单纯化的原理，最初从黑人雕刻那里得到启示，那些雕刻具有原始艺术的单纯和儿童一般的稚气。

野兽主义艺术的更为完美的表现。1908 年至 1909 年期间创作的《红色中的和谐》是体现这种风格变化的代表作品。马蒂斯的画风比较稳定，即使有些变化，也不那么奇突。他在 1910 年以后创作的《红色的画室》、《粉红色的画室》(1911)是前一段画风的继续。

马蒂斯爱画人物，《画家与模特儿》、《印度姿势》、《蓝衣妇女》、《戴面纱的妇女》、《舞蹈》等，都是相当出色的人物画作品。这些人物绘画进行了夸张和变形。有一次，一位有身份的妇女看了马蒂斯画的变了形的女像之后，质问："难道我们女人就是像您画的这个样子吗？"马蒂斯回答说："太太，那不是一个女人，那是一张画！"在马蒂斯看来，人与风景或静物没有什么不同之处，仅仅是提供他安排色彩和线条的材料。他有一段著名的话："我所梦想的是平衡、纯洁、宁静，不含有使人不安或令人沮丧的题材的艺术，这种艺术无论对任何人，他是作家也好，办事员也好，都从中得到抚慰。它像安乐椅那样，人们可以坐在它上面休息，可以恢复体力的疲劳。"

20世纪30年代之后，马蒂斯画风的"野"气有所收敛，但并未有彻底的变化。除作油画、壁画外，他还是一位出色的雕塑家、书籍插图家；晚年因患眼疾，创作了不少剪纸，有的剪纸尺幅很大，用来装饰墙面，犹如壁画。他对绘画形式的探索更加执着，更加注重画面的装饰感和单纯化。1935年，他为创作《粉红色的女人体》，先后拍了20多张不同姿态的照片，然后再把这些照片别在纸上进行摆布，并用各种各样的剪纸的方法反复推敲，直到取得完美的效果为止。到1938年，马蒂斯开始将剪纸不仅仅当作一种工作方法，而且将其本身视为一种目的，开始创作剪纸艺术作品。

尼古拉斯·瓦特金曾评价马蒂斯的艺术特点："一是表现了艺术家充分的个性；二是饱含了艺术家毕生的辛勤劳动；三是他的作品能使观者心中产生宁静的感觉，从而获得美的感受。"

## ::其他重要画家

野兽派的重要画家还有马尔凯、凡东根、德朗、鲁奥、杜飞、弗拉芒克等。

马尔凯（1875～1947）和马蒂斯比较接近，他在风景画方面有独到的语言，重视物象的质感、色彩的韵律和装饰趣味。凡东根是一位才华横溢的素描大师，也是一位色彩大师，他使野兽派的色彩适用于上流社会的肖像，和对于酒吧社会的讽刺性描写。德朗（1880～1954）重视形体的描写，接近立体派绘画。鲁奥（1871～1958）的作品中有一种原始、简朴和天真的感觉，和其他野兽派画家相比，他更注重内在情感在绘画上的表现。杜飞常用变形的手法描写复杂的现象，注意装饰性，代表作品有《挂着旗子的街道，勒阿弗尔》。

弗拉芒克则直接把大红大绿的强烈生色从颜料瓶中挤到画布上，笔触强劲有力，色调对比强烈，线条激奋不安，颇有些"野兽"的味道。这个人情绪惶惑、思想苦闷，身强力壮、精力过剩。21岁时，他获得过自行车比赛的冠军；又是划船运动的能手。从事绘画以后，他说过："如果我不是有点绘画天才，我可能是个笨蛋，也许会因为放炸弹而被判刑。我努力把这种冲动升华为艺术，在绘画中表现出来。这样，我才能用我那种与生俱来的破坏本能，去创造一个属于我自己的感性的世界。"

野兽派的产生，对表现主义艺术产生了最迅速和最持久的影响。野兽派艺术的出现是一场绘画艺术的革命，延续了数千年的传统美术因素几乎被彻底断绝了，它开启了20世纪现代美术思潮。

# 创造三维空间的美感

# 立体主义

　　立体主义美术流派始于20世纪最伟大的画家巴勃罗·毕加索在26岁那年（1907）创做出的不朽杰作《亚威农的少女》（现藏美国纽约现代艺术馆）。之后，毕加索和另一名立体主义先驱人物乔治·布拉克团结了一批艺术主张相同或相近的画家和雕塑家：阿尔贝·格莱兹、让·梅特赞热、胡安·格里斯、费尔南·莱热、路易·马尔库西斯、安德列·洛特等。

　　"立体主义"这一名称出自批评家路易·沃克塞尔。1908年11月14日，路

↑亚威农少女　毕加索　西班牙

这是一幅具有划时代意义的作品，它是立体主义的起点，是一个事件，一个出发点。这幅作品不仅是毕加索一生的转折点，也是艺术史上的巨大突破，是现代艺术发展的里程碑。

易·沃克塞尔在《吉尔·布拉斯》上就自己参观了乔治·布拉克在布恩威勒画廊的一次画展之后的感想发表了一篇文章，文章说："乔治·布拉克先生瞧不起形状的多样性，将一切都化为……立体。"由此引申，就有了"立体主义"的说法。

　　立体主义主要活跃于1907年至第一次世界大战期间。立体主义吸收了利比里亚半岛、大洋洲和非洲的原始雕塑艺术的美学因素，着重表现人们对事物了解的程度，而不是从一个固定的视觉所见到的情景。立体主义画家推崇保罗·塞尚的绘画，他们建立起了一种形象与

↑格尔尼卡　毕加索　西班牙

1937 年 4 月 26 日，发生了德国空军轰炸西班牙北部巴斯克重镇格尔尼卡的事件。德军 3 个小时的轰炸，炸死炸伤了很多平民百姓，使格尔尼卡化为平地。为了表示对这次事件中死去的人的哀悼，毕加索创作了这幅震撼画坛、被载入绘画史册的杰作《格尔尼卡》。画面左侧，一位悲痛欲绝的母亲怀抱因战争而死去的婴儿仰天哭喊，她的身后立着一个恐怖的牛头，牛脸上流露出残忍的狞笑。画的中间部分，一匹被刺伤的马昂头张嘴，发出哀鸣。马的身下躺着一名死去的战士，他的右手握着被折断的剑，剑旁有一朵鲜花，这朵花是对死去的战士的悼念。一个妇女从窗户里探出身体，右手举着一盏油灯。画面右侧，一个女人高举双手，仰天呼叫。

画作的平面空间相符合的艺术语言。

立体主义绘画经历了三个发展阶段：第一是 1907 年至 1912 年的塞尚式的立体主义阶段；第二是 1909 年至 1912 年的分析性立体主义或称"深奥的立体主义"，这一阶段的绘画强调增加视角，从几何上分解画面背景和作品主题，最后所得画面往往让见惯传统绘画作品的人们觉得"面目全非"；第三是 1912 年至 1914 年的综合立体主义阶段，这个时期已经开始引入了粘贴艺术的表现因素。

立体主义主要追求一种几何形体的美，追求形式的排列组合所产生的美感。它否定了从一个视点观察事物和表现事物的传统方法，把三度空间的画面归结成平面的、两度空间的画面。明暗、光线、空气、氛围表现的趣味让位于由直线、曲线所构成的轮廓、块面堆积与交错的趣味和情调。不从一个视点看事物，把不同视点所观察和理解的形诸画面，从而表现出时间的持续性。这样做，显然不是依靠视觉经验和感性认识，而主要依靠理性观念和思维。立体主义的活跃期是 1907～1914 年。但立体主义被人们看作是现代艺术的分水岭。它的出现是因为艺术受到了现代哲学、科学和机械工程学的刺激，也受到塞尚晚期绘画中抽象视觉分析的影响，还受到非洲面具造型的启发。

立体主义绘画的主要特征是：画家抛开画笔和常用的油画颜料，而将装饰性的材料、修补材料和一些废料组合起来，比如画纸、纸牌、报纸、乐谱、木头、锯条、毛线等。画家的创作灵感往往来自咖啡馆中的桌子、瓶子、玻璃杯、报纸、烟斗以及音乐器材吉他、单簧管、小提琴等。他们对题材和背景的几何性缩减造成一种急促的节奏感，画面上，几何小块彼此嵌入，表现出平面在空间中的非延续性。画面上的形状不再接受照明，但散发出不同程度的自足的光线，色彩被大大简化。在分析立体主义阶段，灰色和褐色成了主色调；在综合立体主义阶段，画家喜欢将从商店里买来的画纸直接粘贴在材料表面上，一些印刷图案直接构成了作品的一部分。

## ∷立体主义的主将及其历史影响

巴勃罗·毕加索（1881～1973）出生在西班牙，长期在法国进行艺术创造活动。青年时期受过学院的写实训练，受到各种思潮如象征主义、批判现实主义、印象主义、自然主义和唯美主义的影响。他还在巴塞罗那广泛接触社会下层，在一群失意潦倒而又极富于思考的人们中，得到生活和艺术的启迪。1900年他第一次来到巴黎，受到革新艺术浪潮的感染。在他内心世界处于苦闷和忧郁的时期，曾先后用蓝色和粉红色色调描绘贫困的残疾人、病患者、老人、孤独者、演员、江湖艺人、丑角等，被称为"蓝色时期"（1900～1903）和"粉红色时期"（1903～1905）。

↑毕加索像

1904年，毕加索在巴黎定居和巴黎新艺术思潮保持着密切的联系。1907年，他在非洲黑人雕刻和古代伊比利亚人艺术的启发下，尝试把塞尚已经开始的对几何形结构美的追求推向极致，创作了颇有争议的、被认为是立体主义开端的《亚威农少女》。《弹曼陀铃的少女》（1910）、《卡恩弗勒像》（1910）被认为是他分析立体主义的代表作。1915年，毕加索的画风转向新古典主义，在严谨的造型中，用夸张的手法表达宏伟磅礴的气氛。毕加索20年代受超现实主义思潮影响的作品有《三个舞蹈的人》（1925）等。

在西班牙内战和纳粹占领法国期间，毕加索坚定地站在民主和进步势力一边，积极参与反法西斯的斗争。他创作连续性的版画《佛朗哥的梦幻与宣言》，表示对独裁政权的痛恨与谴责。他以德国法西斯空军轰炸西班牙北部重镇格尔尼卡的事件为题材绘制了大型壁画《格尔尼卡》，抗议反动势力洗劫无辜平民的罪行，表现战争带给人类的灾难。这幅用半写实的象征性手法和单纯的黑白灰三色组成的画面，给人以深沉的艺术震撼力。20世纪50年代初，毕加索积极参加了保卫世界和平的运动。他为在巴黎召开的保卫世界和平大会创作版画，以鸽子为题材，被人们称为"和平鸽"。他还以朝鲜战争为题材创作了《朝鲜的屠杀》、《战争与和平》等作品。50年代，他根据普桑、大卫、德拉克洛瓦等人作品的构图，重新加以发挥进行创作，并在版画、书籍插图和陶艺方面，有出色的创造。毕加索还是一位有独创精神的雕塑家。

乔治·布拉克(1882～1963)在1905～1906年曾经醉心野兽主义；1907年末他脱离野兽主义成为立体主义运动中与毕加索共执牛耳的人物。不同于毕加索的是，布拉克此后一生忠于立体主义体系，画风稳定。立体主义运动衰退后，他参加了"黄金分割社"的展览。他的立体主义代表作为《莱斯塔克的路》(1908年，现藏法国巴黎国立现代艺术博物馆)、《埃斯塔克之屋》(1908)、《葡萄牙人》(1911)、《吉他》(1913)等。不同于其他立体主义画家的是他采用拓印文字、人造木材、贴纸来强调画面的现实感，但始终保持着画面的平面效果。布拉克还是一位雕塑家、插图家和舞台设计家。1952～1953年为卢浮宫伊特洛里亚厅设计的天顶画，有浓郁的现代感。毕加索把布拉克和文学家乔伊斯并列，称他们是当代"两个最费人琢磨却又人人都能了解的人"。

深谙立体主义精神的格里斯涉足这一运动较晚，在1911年左右才从事立体主义创作。不同于后两位画家的是，格里斯不是着眼将物体解析成为几何或立体形式的单元，而是从物体的元素着手，将它们重新组合成凝练的具韵律感的画面结构。他的作品保持着清晰的实体特点。他在立体主义作品中更广泛地采用拼贴法，也注意色彩的丰富和明亮。他还有文字著作，对立体主义理论做出解释。

莱热是在立体主义运动中有独创精神的画家。1909年之后与立体主义画家往来密切。1911～1912年加入"黄金分割社"。他还与荷兰的抽象画派"风格派"以及"纯粹主义"保持密切联系。他尝试把立体主义和写实手法相结合，表现机械的美和力。他的创作已超越立体主义范围。代表作有《休闲者、向大卫致敬》(1948～1949)、《建筑工人》(1950)等。

参与立体主义社团活动的还有洛朗森、阿波利奈尔、萨尔蒙、雷纳尔、格里斯、格列兹、梅金琪等。立体主义思潮促使西方绘画艺术产生了革命性的变革，彻底摒弃了从文艺复兴时期开始西方绘画艺术建立起来的视觉和幻觉体系，影响了20世纪绘画的发展，还有力地推动了建筑和设计艺术的革新。

一切传统的彻底叛逆者

# 达达主义

1915～1916年，一群有反抗情绪的青年从各国移居瑞士苏黎世，常在伏尔泰酒馆聚会，参加者除查拉外，还有作家许尔森贝克、画家和雕塑家杨科、阿尔普、里希特等。这群厌倦战争、怀疑现存社会价值的青年人，在反抗和嘲讽社会的同时，看不到社会的前途，染有浓厚的虚无主义情绪。他们提倡否定一切，否定理性和传统文明，提倡无目的、无理想的生活和文艺。他们在法德字典中偶然翻到达达（儿语，玩具小木马的意思）一词，便决定用它来作为社团的名称。他们还常作恶作剧式表演，在群众性的场合相互戏弄和嘲弄观众；把各种嘈杂的声音作为音乐；把相互不连贯的词语偶然地拼凑在一起作为诗。在美术领域，他们提倡自动性和偶然性。

"达达"一词的来源还有二种解释。一，巴黎的布勒东、阿拉贡、阿波里奈尔、艾吕雅等青年诗人和艺术家中，有人提议成立一个小组，以进一步推动他们的活动。于是，他们当即用裁纸刀挑开一本《小拉罗斯字典》，刀挑的那一页的页首字样为"达达"（dada），于是他们一致同意用dada来称谓他们的团体；二，早期"达达"成员巴尔和胡森贝克想从德法词典中找出一个适当的词作为他们的团体的"歌唱家"罗瓦夫人的名字，偶然一翻，翻到"达达"二字，他们把这个词作为他们一切活动的名称。

达达主义者用它作为文艺活动的旗号，并无任何意义。达达主义以玩世不恭的态度对抗社会现实和现存的价值观，与其说它是文艺流派，毋宁说它是一种社会思潮。

产生达达主义的社会原因是当时存在于西欧各国的尖锐的社会矛盾，包括第一次世界大战给人们带来的痛苦。达达主义的倡导人查拉在宣言中为达达主义下定义说："这是忍耐不住的痛苦的嗥叫，这是各种束缚、矛盾、荒诞的东西和不合逻辑的事物的交织；这就是生命。"

## ::发展简史和代表人物

↑杜尚像
杜尚被称为是达达运动的先驱。

"达达"运动最初是从绘画领域里开始的，1913 年，法国画家杜尚以实物创作了第一幅新作：一个自行车轮被倒置在一张凳子上。后来，人们称他为达达运动的先驱。1915 年，查拉在瑞士苏黎世组织了一个文学团体。其成员有法国的汉斯·阿尔普、德国导演雨果·巴尔、汉斯·里赫特尔和许尔森贝克等。1916 年，巴尔创办"伏尔泰夜店"，并以庆祝夜店创办为名举行庆祝会，举办画展，朗诵他们自己创作的诗歌，演唱流行歌曲。同年 6 月，《伏尔泰夜店》杂志出版，阿波里奈尔、马里内蒂、毕加索等人的稿件以及和其他不少诗人和画家的作品都在杂志上发表。随后又出版了《达达画廊》、《达达》杂志。后来，《伏尔泰夜店》易名为《达达文集》。

在攻克巴士底狱 127 周年之际，"达达"派举行晚会，查拉乘机发表了达达宣言。他说："达达是我们的剧烈程度，……达达是无牵连无可比拟的生活，它赞成统一并且明确地反映未来，我们很明智，知道我们的大脑将会变成软垫，我们的反教条的精神和官僚一样专横，我们不自由却呼叫自由，严格要求放弃学说和道德，让我们一道唾弃人类吧。我们在集市上闹嚷，在修道院、妓院、剧场、饭馆之间大喝倒彩：哗哩哗啦，乒乒乓乓。"

1917 年，苏黎世"达达"小组的创始人之一许尔森贝克把达达运动带到柏林。这些青年艺术家的主要表现方法是把零碎照片拼贴在一起，并附以解说词。1919 年，巴黎的年轻诗人布勒东、阿拉贡等创办《文学》杂志。其实，杂志的名称是反语，指与一般文学相反的文学。同年年底，查拉也从苏黎世来到巴黎，《文学》杂志便马上成了"达达"运动的喉舌。与此同时，在德国的柏林和美国的纽约也兴起了"达达"运动。巴黎很快成为世界达达运动的中心。1920 年 1 月 23 日，《文学》杂志举办首次巴黎达达演出晚会。2 月份，他们又组织 30 余人在"独立沙龙"举办报告会。每个人发表宣言,每篇宣言都有 10 余人齐声宣读。阿拉贡的宣言说:"不要画家,不要文学家,不要音乐家,不要雕塑家,不要宗教,……不要帝国主义,不要无政府主义不要军队,不要警察,不要祖国,够了,这一切蠢事,什么都不要,什么都没有,没有、没有、没有。"据说,报告之前,会议组织者还放风说卓别林会到会表演,骗来大批观众。于是,他们引起了公愤,群众纷纷向他们投掷硬币和鸡蛋,表示抗议。

后来,在达达运动内部引起了争论。特别是查拉和布勒东这两位达达领袖之间的矛盾愈来愈尖锐。查拉是一位性情倔强而固执的人,他宣扬虚无主义,坚决主张取缔一切传统文化,取消一切社会秩序,取缔一切新教条。而布勒东虽然也反对传统文化,但他认为波德莱尔等人的现代派诗歌的成就应该肯定,并主张继承和发展下去。此外,在行动上也有分歧。布勒东认为光大喊大叫而不采取具体行动,是打不倒传统文化的。于是,他们试图通过对传统文学的代表作家巴莱斯进行公审的形式来象征性地批判整个传统文艺。审判于 1921 年 6 月 13 日在科学会堂举行。布勒东等人乔装法官、陪审员、律师等资产阶级法庭中的人物,抬着巴莱斯的模型来到"审判庭"。经过数小时的审判后,他们判巴莱斯犯有"危害精神安全罪"。一般人认为,这无非是一场闹剧,而达达主义者却认为这是他们行动的高峰。同年,早已厌恶"达达"运动的巴黎大学生抬着象征达达的纸人,把它扔进塞纳河"淹死"。达达运动进入尾声。1922 年,布勒东还想在"达达"运动方面做出新的成就,提议召开一次国际性的达达代表会议,由于查拉反对而未开成。到此,"达达"内部的分裂已成定局。1923 年 7 月,布勒东等人趁查拉的《生瓦斯的心脏》上演之际前去捣乱,双方发生了斗殴。他们终于分道扬镳了。

后来,达达运动的主要人物布勒东、阿拉贡、苏波、艾吕雅、皮卡比亚飞杜尚、德思诺斯等 7 名被当时法国文学界公认的"捣乱分子"转而倡导超现实主义去了。查拉后来也加入到了超现实主义行列。

第二次世界大战后,西方一些艺术家重新探讨达达主义的价值,把达达原来作为破坏和挑战的手段,看作审美对象,利用大众文化传播媒介,生活用品和工业废品组成美术品,掀起称为"新现实主义"或"新达达主义"浪潮。

达达主义中最值得研究的人物是法国艺术家杜桑。杜桑早期迷恋立体主义和未来主义;不久,他改用手指涂画,并采用生活中常见的现成物品如梳子、铲子、线球和自行车轮加以组合(包括偶然性组合),改变其位置和环境,使人产生出其不意的惊愕感。他的作品《巧克力研磨机1号》是对工业社会和机械文明的嘲讽。杜桑最典型的达达主义作品是大玻璃画《新娘的衣服被单身汉们剥得精光》(1915～1923)、《泉》(1917)和《带胡须的蒙娜丽莎》(1920)。

## ::历史影响

达达主义是20世纪初欧洲各国出现的现代主义思潮的批判传统道德观念和美学观念精神的最集中体现。

达达主义者主张打倒一切、否定一切，难怪有人说，他们是一群原始法西斯分子。确实，他们是一些无政府主义分子，他们的行动带有很大的破坏性。达达主义思潮反映了第一次世界大战期间和战后欧洲一代青年的空虚的精神状态。他们苦闷彷徨，但又不甘寂寞，希望在追求中获得新生。他们只意识到必须将旧的精神世界彻底破坏，新的精神世界才会产生，却不曾想到如何去建设新的精神世界。达达运动虽然风靡一时，但在文学上并没有什么突出的、能够传世的作品。

↑下楼梯的裸女：第二号　杜尚　法国

这是杜尚的一幅代表作。画中楼梯被描绘成松散的有机体形状，画面人物呈现尖锐的几何形状，运动的速度显得更快而又断断续续。这幅画成为现代艺术中狂热性的典型象征，因而也成了传世名作。

达达主义在整个西方现代派文学里影响是深远的，后来的超现实主义、荒诞派戏剧、垮掉的一代等都多少留有它的痕迹。

## 艺术生活化的极端实验

波普艺术诞生于 20 世纪 50 年代，波普艺术所表现的就是大众文化，它对现代文明持肯定的态度，以大众所熟悉的生活环境作为艺术表现的题材……

# 波普艺术

波普艺术是诞生于 20 世纪 50 年代初最早的后现代艺术流派。"波普"这一名称最初出现在 1954 年，英国艺术家艾洛威用它来称呼那些以报纸、广播、电视和广告等大众传播媒介作为素材或制作手段的流行艺术。波普艺术在 20 世纪 60 年代形成一种国际性的文化潮流，主要活跃于英国和美国。波普艺术所表现的就是大众文化，它对现代文明抱肯定的态度，以平时大家所见所触及的生活环境，或大家所熟悉的大众传播影像，作为艺术表现的题材。

20 世纪 50 年代，抽象表现主义使绘画赢得了独立，从此，形形色色的"纯绘画"、"纯造型"的抽象绘画得以名正言顺。接着,先锋派艺术家们还力图继续"超越"与"革命"，试图超越绘画，否定绘画，他们力图对造型艺术来一次最彻底的革命，将造型艺术最后留下的纯抽象形式也统统抛弃。

在工业社会出现了大量的工业产品、大众传播工具和工业废品之后，艺术家们试图在这些平常到处可见的物品上发现美，而在此以前现代派美术家们是厌恶这些物品的。波普艺术家们认为，现代主义是由少数人垄断和享用的艺术，多数人并不理解和欣赏。他们把规范化、齐一化的大量工业产品制成艺术品则能够在社会普及。打字机、吸尘器、电话机、电视机、广告作为题材，能够刺激人们的消费感，也能够使人们在这些工业生产品中得到美的享受。为了使艺术品有吸引力，他们常常用相同的、单一的形象反复出现的手法，也常常借助于性感的描写。

20 世纪 60 年代前后，现代艺术革命进入前所未有的泛滥状态，短短的 10 余年间，各种艺术像走马灯一样的登场：波普艺术、新现实主义、极简绘画、最低限艺术、动态艺术、过程艺术、大地艺术相继亮相，令人眼花缭乱。现代艺术进入后现代主义时期。这个时期的艺术已经不再是为形式而形式的现代派艺术了，像波普艺术等已经超越了绘画自身；这些艺术主张艺术平民化，并广泛运用大众传播媒体，这使得艺术与生活的界限也变得模糊难辨。

↑玛丽莲·梦露　沃霍尔　美国

在这幅画中，作者采用了同一幅照片，但运用不同的彩色，不同的立体透视效果等方法将梦露的表情、性格等人物特点生动地表达了出来。这也使得艺术和生活的界限变得模糊难辨。

## ::基本思想

波普艺术首先向抽象绘画打响了挑战的枪声，它反对抽象表现主义情绪化的、个性化的创作倾向，反对它无节制的抽象色彩和形式，它把抽象表现主义所摒弃的形象重新请回艺术中来，以其厌恶的俗文化形象，比如商品、商标、招贴画和新闻照片等为主题来反复描绘。

美国美术理论家西蒙·威尔逊概括了波普艺术的三个重要特征：首先，它是具象的、现实主义的；其次，波普艺术根植于城市环境当中。它们是连环画、广告、各种东西的包装、通俗娱乐活动，包括好莱坞电影、流行音乐、露天市场、娱乐场所、广播、电视、街头小报、耐用消费品特别是冰箱、汽车、高速公路、加油站、快餐尤其是热狗、冰淇淋、巧克力派，最后就是钱；再次，波普艺术家以特殊的方式处理特定的题材。一方面他们采用"现成品"的陈列式复制；另一方面采用连环画、肥皂剧等方式，引起了消费者的极大注意。广告在波普艺术中的渗透，通俗化的视觉元素在纯艺术作品中的大量运用，成为波普艺术的最重要的特色。

波普艺术并不用来说明一种风格。将波普加入艺术，我们就将形形色色的社会内容的表征加入了艺术当中。波普艺术同时表现了我们时代由于科技进步带来的陶醉感和社会普遍的厌世感以及对未来的悲观情绪。不断增长的商业主义气氛，使我们的价值观念变得空洞无物。人类文明创造了人、事物、自然与技术，而波普是流行病。波普艺术似乎是轻松的但是却具有讽刺性、批判性，它对于大众媒介的口号迅速做出反应，在我们的时代，大众媒介编造的故事就是历史，它的审美趣味统治着我们时代的艺术，它的趣味陈腐的模特成为人们追逐模仿的对象。

1954 年，英国批评家艾洛威用波普艺术指称广告文化制造的"流行艺术"。1962 年，艾洛威把这个词扩大到包括试图在"美术"中使用流行形象的艺术家的活动。1963 年，美国的《艺术新闻》杂志中有一期专门讨论了波普艺术的定义问题。

波普文化和生活方式贯穿了整个 20 世纪 60 年代，渗透进公众与个人生活的每个方面，也侵入了艺术中的每个篇章：在艺术史上生活与艺术从未如此接近与融合。二战后西方文化新的中心纽约和伦敦是它的诞生地。之后，随着 20 世纪 60 年代波普艺术的传播，欧洲也出现了不少新的波普艺术中心。

1956 年，在英国怀特夏佩尔画廊里，举行了一个名为《这就是明天》的展览，汉密尔顿展出了他的第一件波普艺术作品：拼贴《是什么使今天的家庭如此不同，如此动人？》。这标志着英国波普艺术的诞生。汉密尔顿表现的是一个"现代"的公寓，装饰着一个傲慢的裸女和他的配偶，一个肌肉丰满的男子，摆出一副典型的"你也能强壮"的姿态。这个公寓采用了大量的文化产品来装潢：电视、带式录音机、连环图书上的放大的封面、一个福特徽章和一个真空吸尘器的广告。透过窗户可以看到一个电影屏幕，正在放映着电影《爵士歌手》里面的艾尔·乔尔森的特写镜头。

英国波普艺术对公众的首次冲击是 1961 年的《青年同代人展览》。这次展览有戴维·霍克尼、德雷克·波尔希、阿伦·琼斯、R.B.基塔兹参加，展览造就了一批青年波普艺术家。

1955 年，劳申伯、贾斯帕·约翰斯在艺坛崭露头角，这标志着美国波普艺术诞生。但当时统治艺坛的是抽象表现主义，直到 1961 年，人们才感到了波普艺术的全面冲击。


## ::代表人物

1925 年 11 月 22 日，劳申伯生于德克萨斯州的亚瑟港。1946 年，就读于堪萨斯州艺术学院；1947 年，转学到巴黎朱利安学院。1948 年回国后，进入黑山学院跟艾伯斯学习。他更重要的老师是作曲家约翰·凯奇。

劳申伯受杜桑的影响很大。1920 年，杜桑第二次访问纽约，他给老朋友收藏家阿伦斯柏格的礼物是巴黎的一部分——巴黎的空气，它实际上是一只空玻璃瓶。这些现成品艺术是现实的一部分，通常是人工制品，有时是自然物，如巴黎的空气，艺术家对这种艺术品的加工只限于一个签名而已。现成品艺术走向以艺术行为可以不是用手工方式创作一件审美物，而完全可以纯粹是一种观念的选择。劳申柏、贾斯帕·约翰斯以致后来的波普艺术家们都接受了这样的观念。

20世纪50年代，在反形式主义的美国美术中，劳申伯的贡献很大。他用垃圾进行创作，来回应盛行浪费的美国社会。1955年，劳申柏创作了第一幅作品《床》，现成品被装配进绘画当中。这些作品不是远离观众的审美物象，而更像是现实生活的存在之物。他还创作了《可口可乐计划1958》这件存在于三维空间中的绘画作品。

20世纪60年代是美国波普艺术盛行的年代，劳申伯像其他许多画家一样，逐渐运用丝网复印，创造各种形象的万花筒。这种形象来自日常的印刷品和影片，甚至更多的是来自达达主义者的实例。他的构思形象，经常为年轻的波普艺术家所接受。但是，他最关注创造一种整体的和谐，这种和谐是从一些差别极大的元素中取得的。

贾斯帕·约翰斯既从事绘画又组合现成品，是对波普艺术贡献最大的艺术家。从1955年起，贾斯帕·约翰斯开始在他的绘画中描绘生活中最常见的东西，如靶子、美国国旗、美国地图和数字。这些绘画母题通常有三个特点：一是普通人非常熟悉；二是它们是平面的或者说二维的；三是它们非常简单并富有视觉冲击力。贾斯帕·约翰斯开创了用庄重而富有抽象性的形式描绘人们非常熟悉的形象，这是波普艺术的重要特性之一。在三维作品里，贾斯帕·约翰斯运用了同样的手段，啤酒罐看上去像真的一样，令人怀疑它们是否是艺术品，但是它们却是用青铜雕塑而成，商标图案是手工精心绘制的，整个作品具有雕塑的品性。

利希滕斯坦作为职业艺术家的生涯始于1951年，起初受抽象表现主义的影响。60年代，他开始采用连环画中的形象作为母题进行创作，如米老鼠、唐老鸭。在以后的几年中，他由于在这方面坚持探索，而成为纽约最为著名的波普艺术家。

↑瀑布Ⅲ　赖利　英国

现代人精神流亡的心灵写真

# 意识流

意识流是 20 世纪二三十年代流行于英、法、美等国的一个文学流派，对西方乃至整个世界文学都产生了深远的影响。意识流小说摒弃传统小说追求表现外部世界、刻意描绘人的物质生活环境的模式，深入人的心理深层世界，去揭示复杂的心态和混乱的意识。

意识流原是一个心理学术语，由美国心理学家威廉·詹姆斯首先提出。他认为，人的意识是一个充满了各种印象、感觉、思绪、回忆和直觉的综合体，汇成一股纷乱如麻、奔腾不息的"流"，可称之为"思想流，意识流或主观生活之流"。詹姆斯的这一理论经过柏格森的直觉主义、自我意识和心理时间等理论的进一步深化，在弗洛伊德的精神分析学说中形成了多层复合的"意识之流"。对此，一批敏感并有创见性的作家深受启迪，并引发了一种全新的小说艺术表现方法的革命。

意识流小说最显著的特点是：

作品视角的频繁转换。为了真实、自然地表现人物稍纵即逝且不断游动和跳跃的意识活动，作家主张退出小说，淡化情节，让人物将自己最隐秘的心迹与感受和盘托出，并使作品的视角转换自如，跳跃频繁，向读者展示一幅幅真实的心理画面。

以"心理时间"来结构作品。打破传统的时间观念和逻辑时间界限，将感觉与意识中的过去、现在与未来拧在一起，组成主观的心理时间，使作品形成放射状和复线式结构。

广泛运用内心独白和自由联想的手法，以揭示人的深层次的心理真实。大量运用隐喻、暗示和象征，以引起读者丰富的联想，借以传达出作品的深刻意蕴。

## ∷意识流代表作家作品

马尔塞勒·普鲁斯特(1871～1922)出身于法国巴黎的一个富裕家庭,从小体弱,哮喘伴随了他一生。青年时在社交圈里虚度年华。32岁和34岁时,溺爱他的父母相继去世,他突然感到失去了童年的天堂,开始振作起来,以顽强的意志与日益严重的哮喘病搏斗,经过16年的拼搏,完成了大型自传小说《追忆逝水年华》,从而成为意识流小说先驱作家和20世纪世界最伟大的作家之一。

《追忆逝水年华》共7部,约300万字。主人公马赛尔一天早晨醒来,躺在床上,追忆起往昔的人事。他刚刚进入青春年华就一头坠入情网,最早热恋斯万的女儿吉贝特,继而在避暑胜地与一群少女邂逅,结识了新的女友阿尔贝蒂娜,又开始了新的热恋。后来,阿尔贝蒂娜从身边逃离而去,不幸从马背上摔下而去世。马赛尔虽然还爱恋过许多女人,却无论如何忘不掉阿尔贝蒂娜,以至于在随后几年处于苦恋中而痛苦不堪。等他感情的波涛渐渐平息之后,追忆起似水流逝的年华,深感暮年将至,遂决心献身于文学创作,并从中找到了人生的真谛,找回了失去的时光。

小说中最典型的就是"小玛德莱娜点心"的片断。通过现时的味觉、嗅觉、触觉去寻找逝去的时光,使往昔永存。在现时的感受与过去的回忆相重叠的瞬间找回了时间,通过艺术形式使过去的时间被恒定在现在,并属于现在,这正是这部小说的刻意创新之处。

↑普鲁斯特像

普鲁斯特是法国20世纪最著名的小说家之一。意识流小说的大师,他的主要作品有自传体小说《让·桑特依》,译作《亚眠人的圣经》,美学论文集《驳圣·勃夫》。他的文学巨著《追忆逝水年华》共分7部,依次是《斯万之家》、《在花枝招展的少女们身旁》、《盖尔特之家》、《索多梅和戈莫勒》、《女囚》、《逃之者或失踪的阿尔贝蒂娜》和《过去韶光的重视》。这部小说的故事没有连续性,但它改变了对小说连续性的传统观念,革新了小说的题材和协作技巧。

↑普鲁斯特的笔记本,其中有《追忆似水年华》的部分原稿。

小说以主人公的内心体验为主导,广泛采用回忆和联想的手法,还以主人公的心理时间为结构,随人物的主观意识为流动线索,打破了传统小说的完整结构和时间逻辑。这被认为是小说领域中的一次哥白尼式的革命。

20世纪英国最重要的女作家和文学批评家弗吉尼亚·伍尔夫(1882～1941)从小身体衰弱,一生精神抑郁,最后自杀身亡。

作家的精神气质在她的作品中打上了深深的印记，使她的意识流小说充满了诗意和感伤忧郁的情调。代表作有短篇小说《墙上的斑点》、长篇小说《到灯塔去》、《海浪》等。

# ∷意识流大师福克纳

威廉·福克纳(1897～1962)是意识流文学在美国最杰出的代表。他的小说把对美国南方历史的反思与对人类命运的关怀与思索联系在一起，使得他独创的"约克纳帕塔法世系"不仅成为美国南方的缩影，而且成为全人类的象征。他的作品从思想深度和艺术技巧上，都体现了现代派小说在美国的最高成就，于1950年获得诺贝尔文学奖。

福克纳出生于美国南方密西西比州北部的一个小镇，他的家庭是典型的南方庄园主的后代。他一生的创作，绝大多数故事都发生在他所塑造的一个南方的神话王国：约克纳帕塔法县，构成了美国文学史上规模最为宏伟、气势最为磅礴的家族史。

系列小说脉络清晰，事件真实，记叙了这个虚构的县不同社会阶层的若干家族的几代人的故事。共描写了600多个人物，主要人物在各部小说中穿插出现。各部小说既有联系又各自独立。其中《喧嚣和骚动》和《我弥留之际》是他最杰出的意识流小说。其他还有《八月之光》、《押沙龙，押沙龙！》和短篇《献给艾米莉的玫瑰》等。

《喧嚣和骚动》(1929)被誉为美国意识流小说的经典。主要描写了美国南方庄园主康普生家族几十年的兴衰与沉浮以及家族成员日趋衰颓的精神状态。小说分为四部分，由四个人物从不同的角度进行叙述。中心线索是女儿凯蒂的经历。前三部分由康普生家的3个儿子的内心独白构成，最后部分是黑人女佣的叙述补充。康普生家原是个显赫一时的望族，祖上曾出过一位州长和一位将军，内战后家道中落，只能靠变卖土地支撑门面。康普生家的后代全是精神病态人和畸形人。凯蒂的沦落意味着南方传统道德秩序的破灭，班吉的痴呆象征着贵族世家的衰败，昆丁的自杀表现了望族后裔的绝望，杰生的冷酷反映了资产阶级文明对人性的摧残。女佣迪尔西是作为一个清醒的旁观者出现的，她在这个衰颓腐朽的家族始终保持着自己的尊严，与这个没落家庭的人们形成鲜明的对照，并通过她，也体现了作者"人性复活"的人道主义理想。

作品意识流手法的运用极有特点。故事的中心是凯蒂，然而凯蒂并不出场，而是通过班吉、昆丁和杰生的独白来展开的。整个康普生家族无可挽救的衰落，也是在他们混沌迷乱的内心世界里展开，最后通过迪尔西的引导，读者才穿过层层迷雾，看清了这幅没落破败的图景。四个人各自的叙述，构成了多角度的主体感和层次感，更增加了作品的真实可信度。

## ∷意识流大师乔伊斯

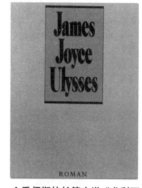

↑乔伊斯的长篇小说《尤利西斯》的封面

詹姆斯·乔伊斯（1882～1941）是 20 世纪西方文学史上一个举足轻重的人物，他的出现使整个现代主义文学达到了登峰造极的地步。他创立了一种离经叛道的艺术形式来表现他那个时代的混乱和精神危机，因而在西方文坛引起一场强烈的地震。在他以后的现代主义文学广泛地采用了意识流的艺术手法。

乔伊斯生于爱尔兰首都都柏林的一个中产阶级家庭，一生生活贫困，并长期"流亡"。流亡使他能更深刻的洞悉到人类的漂泊无定和现代人的精神流亡生活，他的创作就是现代人的精神流亡史。

乔伊斯的主要作品有长篇小说《青年艺术家画像》、《芬内根守夜》、《尤利西斯》。《尤利西斯》被称为一部旷世奇书。作者构思了 10 年又花费了 8 年时间才写成。自 1922 年在法国出版后，许多国家将它看作是一部描写男女性爱的淫书而被列为禁书，直到 1933 年在美国解禁，其他国家也相继放行。

故事发生在 1904 年 6 月 16 日的都柏林，写布卢姆、斯蒂芬和莫莉 3 人在 16 日这天早晨 8 点到深夜近 19 个小时内的经历。所记录的都是一些凡人琐事，但乔伊斯却化平淡为神奇，巧妙地借用荷马史诗《奥德赛》的故事作为叙述框架，从而具有了现代史诗的历史性、概括性和深刻性。"尤利西斯"即古代英雄奥德修斯的拉丁名，书名的直接承袭表明《尤利西斯》也是一部史诗。小说主体部分写出了布卢姆一天在都柏林的游荡，以此来对应希腊英雄奥德修斯在特洛伊战争结束后，返乡途中在海上的 10 年漂泊。

《尤利西斯》是意识流小说的经典之作。整部作品没有完整的故事情节，没有时间顺序和逻辑关系，语言流动皆来自于人物变幻莫测、稀奇古怪的意识流程。内心独白、自由联想、感官印象、蒙太奇、梦境等，所有的意识流技巧都在这里出现。最后一章就由莫莉的意识流动构成，40 多页无一个标点符号，语义模糊不清。这恰好反映了莫莉在床上似梦非梦、辗转反侧时恍惚迷离的神智活动。

追求绝对真实的心灵表达

# 超现实主义

超现实主义是从 20 世纪 20 年代末到 60 年代末，最初产生于法国，涉及文学、绘画、雕刻、音乐、电影、广告等诸多领域，在欧洲、美洲、亚洲及非洲的许多国家都产生了相当大的影响的一个国际性的现代主义文艺运动。

超现实主义由达达主义演变而来。达达主义者反对一切，否定一切，他们声称要摒弃一切传统，包括文化、艺术、思想和制度。著名例子是法国画家杜桑 (1887 ~ 1968) 在达·芬奇的名画《蒙娜丽莎》迷人的笑脸上涂上了一撮山羊胡子。

原达达主义的重要成员、医生兼作家 A . 布雷东逐渐与其他成员发生分歧，他对达达的一味否定却无所作为的状况大为不满，于 1922 年 4 月 1 日在由他与阿拉贡和苏波 3 人创办的无政府主义的刊物《文学》上发表文章，号召他的伙伴们抛弃达达，并得到艾吕雅等人的响应。1924 年布雷东起草了《超现实主义宣言》，正式拉起了超现实主义的大旗，并聚集了一批作家、诗人和艺术家，他们几乎都是达达的成员。

20 年代中后期及 30 年代，超现实主义进入高潮，成为一个国际性的文学艺术

↑此画是杜桑的代表作之一，他在蒙娜丽莎的画像上添上小胡子和山羊胡，还添上标题 L.H.O.O.Q。"蒙娜丽莎的小胡子"从此成了艺术虚无主义的代名词。

流派。1941 年布雷东旅居美国后，纽约便成了超现实主义的中心。战后，布雷东回到法国，企图重振超现实主义的旗鼓；但存在主义之风席卷法国和欧洲文坛，从此超现实主义雄风不再。1967 年，法国的超现实主义团体宣布解散，这一运动才算正式结束。

超现实主义文艺运动的核心是超现实的理论。所谓超现实，按布雷东的说法，即"绝对现实"，它是由"梦幻与现实"转化而成的。可归之为既是主观又是客观，既是真实又是梦的精神现象。弗洛伊德的精神分析学和柏格森的直觉主义是他们理论的依据，他们强调表现超理性，超现实的无意识世界和梦幻世界，并且还把无意识运用于写作，即纯精神的自动反应写作，也就是自动写作法和梦幻写作法。这种写作方法是指在动笔写作时，只需要把脑子里自发涌现出来的东西快速记录下来，虽然这时词与问、句子与句子的联系完全是偶然的，即使有梦呓似的混乱，但也原原本本地记录了作者的内心活动。因为这种写作可以排除任何功利的目的，摆脱现代文明和传统的束缚，使心灵在绝对自由状态下，把真实的东西记录下来。

## ::超现实主义文学

超现实主义文学的主要作家有：保尔·艾吕雅（1895～1952），他的超现实主义的代表诗集有《为了不死而死》、《痛苦的首都》、《暖情与诗》、《直接的生活》等。路易·阿拉贡（1897～1982），超现实主义的作品有诗集《欢乐之火》、《永恒的运动》，长篇小说《巴黎的农民》等。

超现实主义文学的主要成就在诗歌领域，艾吕雅和阿拉贡是突出代表。他们的诗歌很多是自由体，常常以梦境幻影为题材，将主体与客体融为一体，形成人与物之间的亲密联系，他们常常用不同于日常生活的不合逻辑的语言来揭示某一更高层次的真实。在他们看来，事物的真实存在，往往被司空见惯的表面意义所掩盖，因此，他们要追求一种不可知的、绝对的、无限的神秘，去揭示人们习以为常的现实的令人惊异的另一面。他们的这种探索，对丰富文学艺术的手段，激发读者的想象力和思考方面，是有着重要的作用的。

艾吕雅《为了不死而死》中的著名诗篇《恋人》的情调热烈而神秘，"他"和"她"都已失去了原来的自己，升华为一个崭新的超现实：诗的第一句就十分奇特，"她"怎么能站在"我"的"眼睑上"呢？这是一个典型的超现实主义的诗歌形象，大胆而怪诞，超乎逻辑和常人的想象，但当我们透过表面的习惯性意义，就能得到一个耐人寻味的更真实的情感形象——表明了诗人对恋人的每时每刻的思恋，不管是梦里还是醒着，不管是白天还是黑夜，她都在那儿，须臾不离，每当她睁开眼，她就站在他的面前。这就把恋人和诗人的眼睑联系了起来，足见诗人爱得炽烈。下段写恋人的魅力完全控制了诗人的喜怒哀乐，即使在清醒状态下的爱也犹如进入梦境，其魅力使阳光失色。全诗用最平凡的词句构成了极不平凡的奇异意象，产生了丰富的感染力，不愧是超现实主义理论的完美表达。

布雷东(1896～1966)是超现实主义的创始人和领袖。他除执笔写了三个超现实主义宣言外，还创作了数量可观的作品，最主要的代表作是中篇小说《娜佳》。小说主人公布雷东在巴黎的街头邂逅一个叫娜佳的迷人的姑娘，不久就相互闯入了对方的心灵。他们争争吵吵，分分合合，最后分了手，娜佳后来也被关进了疯人院。小说有极真实的一面。作品中的先圣祠广场、咖啡馆、商店、戏院、甚至时间，都是巴黎的真实场景。作品中的人物布雷东以及他的朋友们阿拉贡、艾吕雅、毕加索等也是真实人物。娜佳是一个来自下层社会的普通姑娘，她背井离乡来到巴黎，流落街头，为了温饱有时被迫出卖肉体。在许多方面她也是一个极现实的人物。

娜佳虽然贫困潦倒，走投无路，但她卓尔不群，没有屈服。她以自由、解放的精神，无畏地蔑视惯常的生活习俗和传统的清规戒律。她能以层出不穷的梦幻和奇异惊人的联想能力，发现种种常人看不到也想不到的新问题、新看法。她可以将过去与现在连成一体，还具有对未来未卜先知的预测力，每时每刻都沉浸在绝对真实的境界。她的精神突破了外在的人为力量所设置的理性樊篱，她拆散了禁锢现代西方人的文明枷锁，因而获得了心灵的解放与自由，进入了常人无法进入的最高真实即超现实。娜佳的这种超现实的状态和言行，无法被现实的常人理解和接受，故她最后被关进疯人院，其实是现实秩序对人的精神自由的一种遏制，是人在自我丧失后反而对自由者的制裁。这是现代社会的悲剧，也是追求自由的悲剧。

这部小说完美地实践了布雷东的超现实主义理论。即人只有冲破现存社会秩序的控制，才能像娜佳一样把握到绝对的现实。

## ::超现实主义美术

第一届超现实主义美术展览于 1925 年在巴黎举行，参加者有阿尔普、基里柯、恩斯特、克利、马松。稍后两年，唐居伊、杜桑、皮卡比亚参加了超现实主义展览。20 年代末 30 年代初，马格里特和达利参加了这一运动。1924 年到 30 年代末，是超现实主义的活跃期。30 年代后，超现实主义美术运动逐渐沉寂，但许多重要画家仍然活跃于画坛。

超现实主义运动拓宽了美术表现领域，使艺术家充分发挥自己的想象力和幻想力并运用各种手段进行制作，许多超现实主义艺术家有浓厚的社会参与意识。当然，参与这一运动的艺术家的思想倾向和艺术技巧不在一个水平线上，艺术格调有高下之分，有些人过分渲染作品中性的因素。

发明拓印技法的德裔法国画家恩斯特（1891～1976）的拓印素描集《自然史》（1926）和一些根据童年印象描绘的森林很有魅力。第二次世界大战期间的油画《雨后的欧洲》（1942）、《沉默之眼》（1943～1944）用梦幻的意境表达他在人类危难时刻对美好生活的憧憬。阿尔普（1887～1966）常用有机抽象的形式进行雕塑创作，有些石雕似沉在海底的生物，也暗示女性的躯体。法国画家伊夫·唐居伊（1900～1955）是海员出身，自学成名，最早的超现实主义画中的物体似海中的动物和植物。在他的含有荒诞诗意的艺术语言中，表现出对荒诞现象的一种批判态度。他在 30 年代末移居美国。比利时画家马格里特（1898～1967）常用"换位法"将事物安排在非正常的位置，使它们不合逻辑地并列，引起人们的惊奇、思考和感悟，作品极富奇思妙想。

西班牙画家、雕塑家达利和米罗是超现实主义美术运动的主将。达利（1904～1989）也惯用不合逻辑地并列事物的方法，更有甚者，他把受激情产生灵感的创作，转变为流动性的过程，并把这些过程称之为"偏执狂的批判方式"，即将自己内心世界的妄涎、怪异加人或替代外在的客观世界，常用分解、综合、重叠和交错的方式，来反映潜意识的过程。他的有些作品含有宗教的神秘感和色情因素。

米罗（1893～1983）是被人们认为"把儿童艺术、原始艺术和民间艺术揉为一体的大师"。他盛期作品画人、动物和某些象征性的物体，都采用单纯的线，色彩干净、明亮，他似乎用天真无邪的眼睛看世界，但不时地对这混乱的世界发出嘲讽的笑。

↑这是 1930 年的法国超现实主义团体主要成员的合影，其中左二为保罗·艾吕雅，左三为布雷东，中间为达利。

神话与现实的非凡表达

# 魔幻现实主义

第二次世界大战以后，拉美文学异军突起，迅速走向世界文学的前列，其突出的标致就是魔幻现实主义文学。这一思潮早在 20 世纪二三十年代就开始酝酿，在四五十年代逐步形成，六七十年代达到了高潮，并至今不衰。

魔幻现实主义文学把神奇魔幻的神话传说和拉美的现实生活描写结合成一体，在反映现实的同时融入神奇怪诞的人物、故事和各种超自然现象，变现实为魔幻而又不失其真实，因此，它是神话了的现实和真实。那超自然现象不只是作家的创造，还有其独特的印第安文化背景：一方面吸收其他民族的艺术经验，同时又深深地植根于拉美的现实，并不断探索其民族化特色的道路，因而它体现出的鲜明的民族特征和民族意识而特别引人注目。魔幻现实主义最常用的艺术表现手法是夸张、荒诞、象征和意识流。

魔幻现实主义的产生的背景：首先，是拉丁美洲特殊的地理环境和人的自然原始的生存状态，使他们在观念形态和生活习惯上保留了更多古老、原始的东西。特别是印第安人强烈的神话意识和宗教意识，并未因现代文明的渗透而减弱。在现实中，他们用神话去解释世界、认识世界，神话成为他们的真理和现实。其次，是拉美处于长期的殖民统治之下，使他们对欧美各国的现代文艺思潮得以受到同步影响。在魔幻现实主义的小说中，象征主义、表现主义尤其是超现实主义与意识流文学的影响作用极为明显。

## ::主要作家作品

1967 年的诺贝尔文学奖获得者、危地马拉小说家和诗人阿斯图里亚斯(1899 ~ 1974)是魔幻现实主义的先驱。主要作品有:短篇小说集《危地马拉传说》(1930)

和《总统先生》(1946)。后者是魔幻现实主义的尝试之作。

《玉米人》(1949)是他的代表作。小说由三组各自独立的故事组成。第一组写某部落的印第安人和拉迪诺人为种植玉米而展开的血腥争斗；第二组描写一名妻子领着3个孩子离开了靠要饭来养活全家的瞎子丈夫，丈夫在乞讨中到处寻找妻儿的故事；第三组写一名邮差虽终年勤劳奔波，但还是无法改变贫困的处境，他从此便孤独地四处流浪，最后客死他乡。作者用神话、传说和迷信故事的思维方式来构思情节、刻画人物，并始终不离印第安人真实的生活现实，使这部小说显示了完整意义上的魔幻现实主义特征，从而成为魔幻现实主义的杰作。

↑阿斯图里亚斯像

阿斯图里亚斯，危地马拉作家、外交官、魔幻现实主义的创始人之一。在其文学生涯中，初时以诗见长，后以小说驰名，小说多以抨击祖国现状为题材。1966年获列宁和平文学奖，1967年获诺贝尔文学奖。

古巴著名作家阿莱霍·卡彭铁尔 (1904～1980) 青年时因参加反对专制政权的斗争而入狱，后逃往法国、海地和委内瑞拉，古巴革命后才回到祖国。代表作有《人间王国》(1949)、《启蒙时代》(1962)、《方法的根源》(1974) 等。他的小说都以表现重大题材为内容，将历史和社会现实放在以拉美文化为背景的魔幻与神奇的氛围中加以表现，并巧妙地运用民间故事、神话传说和宗教典故。他对魔幻现实主义的重要贡献还在于，他第一个提出了表现"神奇现实"的理论，把拉美活生生地存在着的神奇现实看作是整个美洲的财富，主张文学立足于这一现实并加以表现。

胡安·鲁尔弗 (1818～1986) 是把魔幻现实主义推向了一个新的高潮的墨西哥作家。他最早的作品是短篇集《平原上的烈火》(1953)，给他带来了极大的声誉。中篇小说《彼德罗·帕拉莫》是其代表作，不仅打破了传统小说的布局，打破了时间、空间的原有秩序，甚至打破生与死、现实与非现实的界限，通过亡灵的对话、独白、回忆、梦境等来追述彼德罗罪恶的一生。鲁尔弗因此而被视之为魔幻现实主义的大师和"拉丁美洲的乔伊斯"。

阿根廷诗人和小说家博尔赫斯 (1899～1986) 是最具有世界声誉的拉美作家之一。他出生于一个有英国血统的家庭，后到日内瓦和剑桥大学接受中学和大学教育，加之他对英、法、德等语言的熟悉，使他具有很好的欧美文化素养。1921年回国后，一面创办刊物积极向本国人民介绍欧洲的先锋文学，一面从事文学创作。作品以短篇小说为主，重要的小说集有《交叉小径的花园》(1941)、《手工艺品》(1944)、《虚伪》(1944)、《阿莱夫》(1949)、《死亡和罗盘》(1951)、《布罗迪的报告》(1970)、《沙之书》(1975)等。

博尔赫斯的小说有浓重的神秘色彩，结构有不受时空限制的绝对自由性，故事在"心理时间"内展开，迷宫式的荒诞，离奇的情节与现实并存，虚实真假混合。作品中体现了深邃的哲理、过人的才智、渊博的知识，以及独特的艺术与语言风格。他的创作为拉丁美洲新小说的开创提供了借鉴的理论依据和学习的榜样，后来为"文学爆炸"做出了贡献的科塔萨尔、略萨、富思特斯等新小说作家，都成为他的追随者。

## ::最伟大的作家：马尔克斯

加西亚·马尔克斯(1928 ~ )出生于哥伦比亚马格达雷纳省的阿拉卡达卡镇，这个小镇后来成为《百年孤独》中马贡多的原型。他从小在当过上校军官的外祖父家长大，外祖父是个手艺高超的金银匠，善于讲神话传说和各种鬼怪故事，这些以后被他写进了小说。他在大学先攻读法律专业，后转学新闻。1947 年因内战辍学，以后便长期在几家报纸从事新闻工作，并开始了文学创作。

马尔克斯小说的主要特点就是在幻想与现实的巧妙结合中对孤独的拉美民族以及对世界与人生的深刻审视。

在他的第一部短篇小说集《周末后的一天》(1954)里"马贡多"的奇特现实和魔幻色彩已初露端倪。第一部长篇《枯枝败叶》(1955)是《百年孤独》的前身或雏形。

↑加西亚·马尔克斯像
作为一个天才的、赢得广泛赞誉的小说家，马尔克斯将现实主义与幻想结合起来，创造了一部风云变幻的哥伦比亚和整个南美大陆的神话般的历史。

《家长的没落》(1975)是作者花了 8 年时间完成的长篇小说。1976 年，曾被美国《时代》周刊推荐为世界十大优秀作品之一。小说描写了拉丁美洲的一个军人独裁统治者的残暴行径。小说用魔幻现实主义的手法，表现了"权力的孤独"。情节荒诞不经又不失真实。

《霍乱时期的爱情》(1985)叙述的是 19 世纪加勒比海边上，一对男女半个多世纪的爱情故事。在作者看来，自然时间的本质就是死亡，而阿里萨在与自然时间和死亡的搏斗中，却有一种使时间永恒的新的时间，这就是爱的时间。阿里萨的爱超越了时间，也就超越了死亡。小说将这一动人的故事放在了加勒比海残酷历史的背景下——在旷日持久的战争、阴森恐怖的霍乱、生态环境的人为破坏等操纵着人的生活和死亡的一切阴影中，阿里萨与费尔米纳的爱正表明了作者用一种伟大的精神创造来超越充满残杀、苦难、疾病和一切罪恶的世界，用爱去共同创造摆脱死亡和孤独的幸福现实。

魔幻现实主义经典巨作《百年孤独》自发表至今，一直在全世界广为流传，经久不衰，它深邃的思想、厚重的感情和炉火纯青的魔幻艺术，吸引了一代又一代的读者，并将马尔克斯推向了世界伟大作家的行列。

小说写出了100年来拉丁美洲封闭落后、与世隔绝的历史以及拉美人孤独、阴暗的心境。处于小说中心的是布恩地亚家族的兴衰史与马贡多镇从兴建到繁荣再到消亡的历史。

布恩地亚家族7代人的生活与命运，构成了小说的主要情节。作者借布恩地亚家族的历史来反映拉丁美洲的历史演变和社会现实，提醒人们思考哥伦比亚乃至拉美"百年孤独"的原因。孤独是小说着重探索的母题，构成了社会悲剧精神的核心。布恩地亚家族第6代子孙奥雷良诺·布恩地亚一生研究老吉普赛人留下的羊皮书，最终发现它是家族毁灭的预言。家族和拉丁美洲在毁灭中走向了新生。

作者对魔幻现实主义手法的运用达到了炉火纯青的地步。首先是神话、幻想与现实的结合。比如何塞和乌苏拉受到死者鬼魂的纠缠，是印第安人人鬼不分的古老观念的运用；他们背井离乡，另寻安居之地，有《圣经·出埃及记》的影子。神话和幻想的运用，使小说的故事显得更加神奇，魔幻色彩更为浓重。

其次是夸张与荒诞手法。如写吉普赛人拖着两块磁铁走家串户，使成群结队的铁器从四面八方钻出来，跟在磁铁后面滚动，连钉子也从木板中钻出，发出吱吱的声响。对马贡多人的与世隔绝、愚昧无知的表现可谓形象之极。

此外，还有预言的运用和轮回的时空表现手法等，都为小说的魔幻现实主义增添了浓重的色彩。

## 马尔克斯的主要作品

**长篇小说**
《枯枝败叶》
《百年孤独》
《家长的没落》
《霍乱时期的爱情》

**中篇小说**
《恶时辰》
《没有人给他写信的上校》
《一个事先张扬的凶杀案》

**短篇小说集**
《蓝宝石般的眼睛》
《格兰德大妈的葬礼》

**电影文学剧本**
《绑架》

**文学谈话录**
《番石榴飘香》

**报告文学集**
《米格尔·利廷历险记》

## 强烈抨击社会的堕落嚎叫

# 垮掉的一代

　　垮掉的一代是起始于第二次世界大战初期、流行于 20 世纪中期世界主要资本主义国家的一部分青年和文学流派的名称。这些青年对资本主义社会现实表示强烈不满，逐渐形成一个强大的社会运动，并且在文学艺术领域鲜明地反映出来。

　　它在不同的国家有不同的叫法，在英国叫作"愤怒的青年"；在西德叫作"重返家园的一代"；在法国"垮掉派"包含在存在主义派之内；美国的"垮掉派"最初叫作"美国的存在主义者"，后来才改称"垮掉的一代"；在日本叫作"太阳族"青年。汉语最早而又最通行的译法便是把"Beat"译成"垮掉"，把"Beats"译成"避世派"、"疲塌派"、"鄙德派"；海外华人圈内大多译作"节拍派"；中国台湾则大

↑垮掉的伙伴

多译作"疏离的一代"、"必特派"，这是梁实秋先生生前的译法。Beat 原来是个近似地下社会黑话的俚语，内涵丰富，很难在别的语育里找到与它完全对应的词。

　　"垮掉的一代"运动主要发生在美国。旧金山是垮掉派的故乡。1955 年，在旧金山市北海滩繁华商业区背后的穷街陋巷之中，出现了最早的垮掉公社、

垮掉村，他们把这些住地自诩为"Squarevlite"，可以译作"是古村"，表明垮掉派青年具有"是古非今"的强烈倾向。他们过着群居的生活，也举行集会，甚至走上街头，焚烧原子弹模型，反对美国政府的战争政策。他们站在街头，用肥皂木箱搭起来的台子，或者聚集在烟雾腾腾的地下室、酒吧间里大声朗诵他们自作的诗歌，发布他们的宣言。他们愤怒地号叫着，发泄着对现存社会秩序的不满。

不久，纽约、丹佛等大城市相继建立了类似的垮掉公社或"是古村"。垮掉分子所过的生活，同当时法国巴黎圣日耳曼区的存在主义者一模一样，穿一身旧军装、黑色高领毛线衣和破绽的裤子。他们反对大资产阶级和中产阶级的生活方式与道德标准，故意做出些惊世骇俗的行为，以表示他们同现实社会的格格不入。他们蔑视大多数美国人所看重和追求的权力、财富、科学技术的进步等社会价值。他们陷入了苦闷和空虚之中，并对未来丧失了信心，"自愿受穷"，过流浪生活，不追求事业的成就，以自杀、酗酒、吸毒、爵士乐、群居、同性恋等极端、颓废和放纵刺激的生存方式来挑战现实，向社会发出抗议。

有些报界记者披露了一些"垮掉"村、社的内部情况，把他们描写成为使人感到稀奇古怪的流浪汉、彻头彻尾的虚无主义者和犬儒主义者，对一切神圣的东西抱着动物般的敌视态度。

后来，"垮掉的一代"之王凯鲁亚克亲自撰文加以驳斥。根据他的说法，"垮掉的一代"青年在 1948 年以前分为"冷型"和"热型"两种。"冷型"的典型是蓄着大胡子、说话言简意赅的智者，他通常坐在垮掉派分子开设的小酒馆里，面前摆着一杯只喝浅了一点儿的啤酒，他说话平静但不客气，有一个姑娘同他坐在一起，按照规矩，姑娘不开口说话，穿黑色的衣裙，涂上浓重的眼影。"热型"的典型是热情似火的人物，特别爱好滔滔不绝的说话，睁着一对闪闪发光的眸子，天真幼稚，心胸坦白，从一家酒吧跑到另一家酒吧，一杯接一杯地喝啤酒，同各色人等交往，大吹大擂，不知疲倦，脾气狂暴。50 年代初期，出现了又"冷"又"热"的混合型。

到 1957 年，杰克.凯鲁亚克《在路上》一书问世以后，垮掉的一代形成了冲击美国朝野和文坛内外的思潮与流派。在这股思潮的影响下，60 年代的美国和欧洲出现了一批反文化、反传统的"嬉皮士"运动，从而形成一股垮掉派的浪潮。

## ∷垮掉的一代的文艺成就

在美国，涌现了一大批有影响的垮掉派艺术家，包括诗人、小说家、画家和电影人、音乐人。他们都和他们笔下的形象一样，过着放荡的生活，不受任何道德和社会的约束。在创作中，垮掉派作家主张摈弃一切固定的形式、明晰的结构和完整的故事情节，破坏正常的节奏，采用粗犷的形象。他们任意表现自我，作品的内容大都是个人经历和感受的记录，自然色彩浓厚，色情、暴力、堕落、吸毒和犯罪的描写充斥于他们的作品，"诗人、浪子、毒鬼"三位一体的颓废典型成为他们塑造的对象。

"垮掉的一代"文学鼓吹反英雄、反情节、反主题等，一言以蔽之：反传统。"垮掉"文学大量描写吸毒、疯狂的爵士音乐的情形。

"垮掉的一代"流派给第二次世界大战后的美国带来了一股清新的气息，把浓郁的情感注入诗歌和小说。特别是在诗歌方面，垮掉诗人完成了黑山诗派所未能完成的任务，把正统的学院派赶下了诗坛，恢复了惠特曼的传统，为新诗的发展开辟了胜利之路。以前有许多学院派文人压根儿不承认"垮掉的一代"文学能够算是文学，现在凯鲁亚克、金斯堡等作品已经被列为高雅艺术，进入学院的课堂了。

其文学成就主要在于诗歌和小说两个方面，代表人物为金斯堡、克鲁亚克、弗林盖梯、柯尔索、斯奈德等。在创作方法上，他们有些人属于现代主义，有些人则介于现代主义与当代现实主义之间。

## ∷代表作家

杰克·克鲁亚克（1922～1969）出生于一个印刷商的家庭，原籍为加拿大。长大后进入哥伦比亚大学，为了逃出大学，未毕业就应征入伍。第二次世界大战期间在海军服役，但只待了6个月就因偏执性精神分裂症被开除，重新回到了大学。一生创作有20部小说及两个剧本和为数不少的诗歌，最著名的小说是《在路上》。

这部小说被各家出版社一再拒绝，6年后的1957年才得以出版，立即在美国引起轰动，并被大批精神苦闷的青年奉为"生活教科书"。

艾伦·金斯堡（1926～1996）是一个典型的垮掉派人物：吸毒、同性恋、性混乱、酗酒……但他又是一个天才的诗人，他以怒气冲天的哀号，来发泄一代青年人心中焦躁不安的痛苦。他代表了一代陷入焦虑和痛苦的美国青年。

他出生于美国中部新泽西州的一个俄裔移民家庭，父亲是个保守的自由派诗人和教师，母亲是美国共产党，因政治观点偏激而患精神病。这给金斯堡的心灵打上了痛苦的烙印，他经常旷课去医院安抚频频发病的母亲。

1955 年 4 月的一个夜晚，在旧金山一个画廊举行的诗歌朗诵会上，金斯堡朗诵了他的长诗《嚎叫》，在座的所有听众为之震惊，《纽约时报》也对这次集会作了报道。从此，垮掉的一代宣告诞生并闻名天下，《嚎叫》也成为这个文学流派的经典作品。

《嚎叫》于 1956 年出版时，被指控为淫秽读物而遭到查禁，为此引起了一场全美关注的官司案。《嚎叫》在胜诉后便一跃成为美国 50 年代最畅销的书籍。

↑克鲁亚克，美国诗人、小说家，"垮掉的一代"的领袖和发言人。其作品大都带有自传性质，且常以"垮掉的一代"的其他著名作家为角色。

全诗分为三部分，第一部分最长也最有力量，是一首愤怒的预言式哀歌，被广为流传。诗中描述被社会遗弃的垮掉分子是"最优秀的心灵"，他们以激进的反叛者姿态出现在世俗的对立面，他们酗酒纵欲，自暴自弃，在绝望中作精神抗争，以在生活中寻求刺激来向现实挑战。

第二部分集中抨击了美国地狱一般的现实，借《圣经》中以儿童为其供品的异教火神莫洛克来指代一切邪恶势力——监狱、银行、摩天大楼、疯人院、军队、政府、金钱、坟墓等，在莫洛克神的统治下，社会到处是暴力、混乱、罪恶、异化、贪婪、歇斯底里、压迫和剥削，不仅垮掉分子受其迫害，整个民族都逃不出它的魔掌。诗人尽情地宣泄了他对社会的愤怒和仇恨。

第三部分是献给金斯堡在精神病院里遇到的朋友卡尔·所罗门的。诗中的所罗门被囚禁在精神病院里，是反抗力量的象征。他寄希望于所罗门能把美国从莫洛克神的囚笼中拯救出来，让美国人获得自由和新生。

1960 年，他专为母亲写了著名长诗《祈祷》。诗人带着真实、诚挚、哀痛的强烈感情，追悼母亲悲剧性的一生以及诗人一家的种种酸甜苦辣，同时又浓缩了美国社会的一个侧影。全诗浑然一体，有万钧之力，催人泪下，也令人灵魂震撼。25 年后的 1986 年，诗人又写下了《白色裹尸布》作为《祈祷》的尾声，更给金斯堡带来了显赫的新的声誉。

# 荒诞世界的无奈嘲讽

黑色幽默是 20 世纪 60 年代初美国文坛出现的一种文学流派。它用新奇怪诞的幽默手法来表达对荒谬的现实和无奈的人生的感受……

# 黑色幽默

　　黑色幽默是出现于 20 世纪 60 年代初的美国文坛并延续至今的一种文学流派。1965 年，美国文艺理论家弗里德曼将那些用新奇怪诞的幽默手法来表达对荒谬的现实和无奈的人生的感受和认识的作品结集，取名为《黑色幽默》。同年，作家尼古伯克发表论文《致命一蜇的幽默》，把这类作品明确称为"黑色幽默"。此后，这个名称便流传开来。

　　20 世纪 50 年代的朝鲜战争和 60 年代的越南战争，引发了国内的反战情绪；种族歧视又导致黑人民权运动兴起。第二次世界大战以来的战争阴影和麦卡锡主义的高压政府，使人们对生活普遍产生恐惧感和灾难感；后工业社会科学技术和物质的高度发达，又造成"非人化"倾向，人们发现整个世界不仅缺乏理性，秩序混乱，而且变得滑稽可笑，荒诞不经。

　　于是，一批受存在主义思潮影响的作家不约而同地采用讽刺、嘲笑、怪诞、夸张甚至变形的手法来表现存在的滑稽和世界的荒谬，他们催生了黑色幽默。

　　黑色幽默把世界和人生的荒诞强调到绝对的程度，人除了愤世嫉俗，除了对绝望中的痛苦和不幸发出无可奈何的嘲弄和挖苦外，再无任何出路。它将悲剧内容喜剧化，将大悲转化为大笑，使人的悲惨情结借荒诞戏谑得以宣泄。这种幽默手法，在无可奈何又轻松调侃的嘲讽态度中，最大限度地展示了人类的灾难、痛苦和不幸。可以说，黑色幽默是撕裂的惨痛中用笑声表达的惨叫。

　　黑色幽默小说有意识地打破传统小说的结构模式，不讲求现实的逻辑，常常应用梦幻、科幻手法，把现实生活中的片段和荒诞的幻想拼凑在一起，使故事显得支离破碎，荒诞不经。人物形象也多为玩世不恭、性格怪僻的"反英雄"。它们大都运用漫画式的夸张和寓言式的象征，去极力寻找事物的抽象意义，来表现作家所悟出的某种哲理；把现代人的危机意识和荒诞处境看作是一种具有普遍意义或"形而上"意义的抽象本质，是支配和主宰人类命运的某种荒诞"真实"。

## ∷约瑟夫·海勒和《第22条军规》

约瑟夫·海勒（1923～　）年轻时成为空军一名投弹手，并赴第二次世界大战的欧洲战区作战，执行过60次轰炸任务。战后，海勒用军人津贴先后就读于纽约大学、哥伦比亚大学和英国牛津大学。

海勒是黑色幽默小说流派的主将。1961年，他发表了旷世杰作《第22条军规》。

小说主人公尤索林是一名上尉轰炸手，最初怀着满腔的爱国热情应征入伍，到头来却发现整个战争不过是一场骗局。他在完成规定的飞行次数后理当回国，可是上校擅自又增加了飞行任务，使他不能回国，因为"第22条军规"说，"你一定得服从命令"。他只好装疯，因为"第22第军规"规定，只有神经错乱的人才可以停止飞行，但"军规"规定必须由自己提出申请。"军规"同时又规定：你一旦提出申请，就证明你不再是疯子，不

↑约瑟夫·海勒，美国作家，他的长篇小说《第二十二条军规》是第二次世界大战后出现的"黑色幽默小说"最重要的作品之一。这部讽刺小说受到评论界和读者的欢迎，于1970年被拍成电影。

疯就得飞行。尤索林这才恍然大悟："这里面只有一个圈套，就是'第22条军规'。"小说的传神之笔就是这个无处不在又捕捉不着的"第22条军规"，它所具有的神秘力量将所有人套住，它既荒诞滑稽，又恐怖可怕。

在海勒眼里，战争是疯狂的，无所谓正义与非正义之分。指挥空军的佩克姆将军命令轰炸要集中，目的仅仅是为了拍摄出的照片更漂亮。食堂管理员迈洛竟然一方面与美军订立合同，去轰炸德军驻守的桥梁，轰炸费由美军支付，外加6%的利润；另一方面又与德军签订合同，炮击前去轰炸的美国飞机，高射炮费由德军支付，利润也外加6%。战争激发了人们的疯狂本性，个人的野心和金钱利益高于国家之间的战争，高于反法西斯的事业。

小说的结构散乱无序，这本身就是对这个混乱世界的真实反映。作者用喜剧

的方式对这个混乱世界加以极度的夸张与渲染，使之更突现其本身的极限，即丑恶本身的完美，从而达到否定的效果。

现在，这部小说成了美国当代文学的经典，还成了西方各国大学文科学生的必读书。1997年，英国甚有影响的《柯林斯词典》选出 20 世纪有划时代意义的 100 个英文词，用每年一个词来涵括一个世纪的历史，"Catch—22"（第 22 条军规）成为 1961 年的标志。"第 22 条军规"这个词，已从当初的小说语言进入社会语言，进入辞典，甚至成为美国法院对无法结案又无法归档的案卷的一个署词。

↑《第 22 条军规》剧照
1971 年，美国导演麦克尼科斯根据同名小说拍摄了影片《第 22 条军规》。

## ∷其他代表作家和作品

约翰·巴思（1930～　）是美国最重要的黑色幽默小说家之一。他的作品不仅写存在的荒诞和世界的无意义，而且还嘲弄这种荒诞本身的荒诞性。他从悲喜两个极端对存在主义观念作滑稽模仿，追求一种不确定性、颠倒性的叙事模式，使他的小说获得了后现代主义文学小说的深刻意蕴。

《路的尽头》（1958）的主人公雅各布·霍纳与同事之妻发生关系使之怀孕，结果同事之妻在做人流手术中不幸死去。霍纳无法面对责任，躲进了一个火车站——路的尽头，在那里茫然僵坐了一个晚上。开篇就写 30 岁的霍纳在复杂的人生面前不知所措，丧失了选择生活道路的能力，竟然被去哪里度假这一问题搅得心烦意乱，并因此而引起四肢瘫痪。乔得知妻子与霍纳通奸后不但不生气，反而来问霍纳所有的事实，为找到事情的根源和得到一个满意的答案，乔竟然怂恿妻子再次与霍纳通奸，从而使小说的黑色幽默发展到无以复加的地步。

库尔特·冯纳格特（1922～　）是美国当代文学史上最有影响的作家之一。在第二次世界大战爆发后，他从大学应召赴欧洲前线，被德军俘虏，被押送到德国东部的德累斯顿服苦役。1945 年 2 月 13 日，英美两国空军对德累斯顿狂轰滥炸，冯纳格特与部分战俘躲在离地面 60 英尺的一个屠宰场的地下冷藏室才幸免于难，他亲眼目击了 13.5 万人葬身火海和炮弹，建筑优美、文化发达、毫无防守和戒备的中立城市在整整一夜疯狂的轰炸中毁于一旦的惨剧。

战后，冯纳格特回到家乡与昔日的恋人结婚，并进入芝加哥大学攻读人类学，后来一边教书一边写作。他最杰出的代表作是 1969 年发表的《五号屠场》，强烈抗议了一切现代战争的疯狂。小说出版时又恰逢反越南战争情绪高涨的时期，使这部小说风靡全国，并一度掀起了冯纳格特热。

这部带有自传性质小说的主人公比利·皮尔格里姆在战后回到纽约，后被一群外星人绑架到他们的星球。他发现外星人具有与地球截然不同的时间观念，他们认为过去与将来的所有时刻都存在于永恒的现在之中，并教会了比利如何在过去与未来以及太空与地球之间飞速旅行，因此，比利似于从未离开过地球，而只是暂时脱离时间的轨道。在外星球的愉快生活，使比利对地球上的痛苦、恐怖和荒诞有了新的认识。后来，他在一家电台讲述自己的经历及外星球的文明，宣称死亡只不过是表面现象，时间是一种幻象。但没有人相信他，反而认为他是疯子。作家将他眼中世界的疯狂与荒诞通过这种特殊的方式加以表现，正说明他对人类命运的关注和焦虑。

托马斯·品钦（1937~  ）每部作品的出版都引起文坛的广泛注意，但他不喜欢抛头露面，有"文坛隐士"的雅号。近年的重要作品有《葡萄园》（1990）、《梅森和狄克逊》（1997）。他的作品充满了一些超出人们常识的、非理性的情节和历史事件，以及各种哲学思想、自然科学概念和原理，种种政治斗争事件穿插于其中，博大精深、晦涩难懂。

其代表作《万有引力之虹》（1973）被评论界称之为是与乔伊斯的《尤利西斯》相媲美的后现代主义的经典作品。

小说没有完整的故事情节，由零散的插曲和作家闪烁其词的议论构成。

第二次世界大战中，德军的 V-2 火箭攻击伦敦，火箭的落点恰恰是一名叫蒂龙·斯罗士罗普的美国军官与女人做爱的地点。由于火箭攻击的目标有着重要的军事意义，因此必须查清它和蒂龙·斯罗士罗普与女人做爱地点之间的关系，查清人类科学进步的结晶 V-2 火箭与人类性活动的必然联系。负责调查的各路学者各述高见，但所有的解释都无法获得一致同意。蒂龙后被派去德国侦察并破坏发射基地。他发现，掌握火箭制造的军官是个同性恋和性虐待狂，V-2 火箭的发射和爆炸同性行为有着根本的一致性。现代科技与人的原始本能的关联，成为共同支配世界的力量，给人类带来灾难，小说的讽刺意味跃然纸上。

# 追求古罗马的理想美

# 古典主义

**↑莫里哀像**

莫里哀是法国 17 世纪古典主义文学最重要的作家，古典主义戏剧的创建者。他还是一位出色的编剧和导演，甚至是一位造诣极高的演员。他一生共创作了 30 多部剧作。比较有名的有《伪君子》、《悭吝人》等。

古典艺术是 17 世纪后半期和 18 世纪前半期流行于欧洲君主专制时期的一种文艺思潮，它把古希腊罗马时代的文艺视为必须仿效的崇高典范，从中吸取题材、情节、形象和创作经验，并赋予它们新的历史内容。

古代希腊罗马创造了辉煌的古文化，是西方文明的摇篮。多少个世纪过去了，人们对她的感情有增无减，总希望能够借鉴那个时代的文化精华，再现一个伟大的时代。15 世纪初期，文艺复兴运动兴起于意大利，学者们高举复古的旗帜，提倡思想自由和个性发展，启发人们反对封建传统思想和宗教的束缚。文艺复兴在极大的解放思想的同时，也影响了此后艺术的发展道路，极大地促进了文艺的发展。

17 世纪，由于封建贵族阶级与资产阶级之间的存在激烈的矛盾，路易王朝就成了这两个阶级之间"表面上的调停人"，进一步加强了中央集权。出于巩固自己的统治需要，路易王朝非常重视利用文艺为自己的统治服务，网罗了大批的艺术人才。这些人利用他们的口和笔，积极的推行宫廷文化政策，为路易王朝服务。当时社会上流行的是笛卡尔的"唯理论"。他认为理性高于一切，理性是真正知识的唯一源泉，理性是真理的标准。这些对他们的艺术创作和艺术理念产生深远的影响。他们对于人类命运的宏观理性思考，对人类存在和历史的无限追问，这使得古典主义追求崇高理想、充满悲剧色彩。在艺术创作中，他们把古希腊、罗马艺术视为典范，否认经验在认识过程中的作用，否认自然是艺术创作的对象，对古代艺术中的理想美极为赞赏，要求艺术家们在追求表现古代美的形式中，把自己的情感和社会结合起来等等。所有这一切，直接促成了古典主义艺术在法国的兴起，法国的艺术进入了一个新的发展时期。

# ∷古典主义文学成就

法国是欧洲古典主义的中心。从 17 世纪初起，法国诗人马莱伯等为发对一切方言俚语，确立法国古典主义文学语言的规范做了大量的工作。在法国，古典主义在文学、文艺、建筑、绘画等各个方面都取得了巨大的成就。

18 世纪 20 年代起，古典主义思潮几乎遍及全欧。在长达约两个世纪的历史长河中，古典主义艺术结出丰硕的果实。

古典主义在欧洲流行了 200 多年，许多国家先后出现了古典文学时期。古典主义对欧洲各国文学的发展有很大的影响。古典主义文艺理论的主要著作是布瓦洛的《诗艺》。他认为"理性"是一切的准绳，也是文艺创作的根本原则。他还提出"模仿自然"的原则。法国著名作家高乃依的名剧《熙德》讲述了一对情侣罗德里克和施曼娜，由于上辈的恩怨，二人由情人变成仇敌。后来，罗德里克为抵抗外敌，随军出征，勇立战功。凯旋后，在国王的调解下，俩人终于结成夫妻的故事。这部戏剧体现了古典主义的原则，被称为是古典主义文学的奠基之作。

古典主义时期，涌现出一大批杰出的文学家，法国的代表者有高乃依、拉辛、

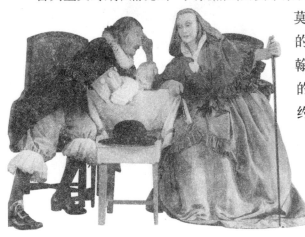

莫里哀、拉封丹和布瓦洛，英国的代表者是复辟王朝的诗人约翰·德莱顿，和深受布瓦洛影响的诗人蒲柏，德国的代表者是约翰·戈特舍德，俄国苏马罗

←莫里哀作品《悭吝鬼》剧照
莫里哀在《悭吝鬼》中塑造了一个守财奴的形象——阿巴贡，后来这个人物几乎成了悭吝鬼的代名词。

科夫、罗蒙诺索夫和康捷米尔等。其中，高乃依的悲剧和莫里哀的喜剧对世界戏剧发展影响极大。莫里哀在他的《伪君子》中对封建宗教进行了讽刺，展开了猛烈抨击；而在《悭吝人》更是对高利贷资产者吝啬贪婪的本质进行了揭露。弥尔顿取材于《圣经》的长诗《失乐园》，通过对撒旦反抗上帝的描写，颂扬英国资产阶级的革命精神。

## ::古典主义绘画和音乐成就

古典主义绘画竭力追求一种完美的崇高感，追求宏大的构图和庄重的风格与气魄，他们的艺术题材重古希腊罗马的传说故事；他们重视纯客观的描绘，反对渗入艺术家的主观思想感情。在古典主义的绘画史上，大卫（1748～1825）的《荷拉斯兄弟之誓》对古典主义绘画的发展产生了深远的影响。这幅画描绘了罗马史上的一个场面，它以坚实的素描、强烈的色彩和雕塑般的造型，

↑大卫像

↑荷拉斯兄弟之誓　大卫

突出刻画了荷拉斯父子出征前的英雄气概，而将笼罩在忧虑和悲哀气氛中的女眷用作烘托和陪衬，从而有力地揭示了为共和国的利益不惜牺牲个人一切的现实主题。据说，当首次在罗马展出时，那里各个阶层的人甚至包括贵族、主教、教士和僧侣，都去观看，好多天都像是盛大的游行。有人说，这幅画在一夜之间为古典主义绘画开辟了道路，其影响可见一斑。

古典主义绘画在艺术上取得巨大成就，除了大卫之外，还有乔治·德·拉图尔、勒南三兄弟和普柏、克兰德·洛兰、安格尔、乔治·德·拉图尔等，他们都是古典主义绘画的先驱。普柏是古典主义绘画最杰出的代表，他的作品含蓄冷淡，追求准则与规范，人物形象坚实如雕塑，推崇静思冥想，代表作

↑莫扎特像

莫扎特，奥地利18世纪最著名的作曲家。莫扎特短短的一生共留下了数百部作品。其中有41部交响曲，这其中以《费加罗的婚礼》和《魔笛》最为有名。

是《阿卡迪亚的牧人》《海神的凯旋》。克兰德·洛兰是古典主义绘画的另一位重要人物，他的作品中的风景是理想化的田园风光，追求的是平静与和谐，画中的人物是从属于风景的，但又参与宏伟和古典幻景中，与其融为一体。安格尔是大卫的学生，追求整个图画机体内争取纯净与安宁的追求，《里维耶夫人》是其代表作。

古典主义艺术在音乐方面取得了最为辉煌的成就，这期间形成了古典乐派，产生了音乐史上最伟大的三大作曲家："交响乐之父"的海顿、"音乐天才"莫扎特和"乐圣"贝多芬。三人都在18世纪80年代到19世纪20年代在维也纳活动，他们之间互有影响，创做出许多不朽的杰作。三人的作品各有特点，非常受时人的欢迎。海顿经常出入于贵族豪宅演奏作品；莫扎特则漫游全欧，演奏他的作品；贝多芬的作品更是

### 贝多芬最著名的作品一览表

降E大调第三交响曲《英雄》

c小调第五交响曲《命运》

F大调第六交响曲《田园》

d小调第九交响曲《合唱》

C大调地第一钢琴协奏曲

c小调第三钢琴协奏曲

降E大调第五钢琴协奏曲

D大调小提琴协奏曲

c小调第八钢琴奏鸣曲《悲怆》

升c小调第十四钢琴奏鸣曲《月光》

f小调第二十三钢琴奏鸣曲《热情》

降E大调第二十六钢琴奏鸣曲《告别》

E大调第二小提琴浪漫曲

《哀格蒙特》序曲

歌剧《费德里奥》

G大调小步舞曲

献给爱丽丝

土耳其进行曲

影响到现在。他们在音乐史上建立起一座不朽的丰碑。

## ::历史影响

经历了近两个世纪的辉煌之后，古典主义遇到了困境。

古典主义的文学作品有着语言庄重、简洁、洗练、明朗，情节简单、结构紧凑的优点，但是由于他们对文艺的形式有着严格的要求，强调要遵守所谓的"三一律"，也就是要求作品只能有一个故事情节，而这个故事的情节也必须在一个地点、一天的时间内完成。同时，对于所塑造的人物，也作了公式化的规定，他们往往只注重共性，而忽视了人物的个性，创造的角色，要么是聪明勇敢，忠诚善良，要么就是奸诈虚伪，阴险狡诈，这些人物缺少感情，没有立体感。尤其是古典主义与富廷和贵族文化有着千丝万缕的联系，以至于他们在描写现实生活的时候，根本不敢描写人民和人民的生活。

↑**贝多芬像**
贝多芬是德国最伟大的音乐家之一。他的作品充满了时代的气息。交响曲有《英雄》、《命运》钢琴奏鸣曲《月光》、《暴风雨》、《第九交响曲》为他最著名的作品。

这就极大地限制了古典主义文学的发展，所以，当资产阶级不断壮大，封建贵族走向穷途之时，古典主义文学只好退出文学艺术的历史舞台，为更有生命力的浪漫主义文学所取代。

在古典主义的其他方面亦是这样，由于古典主义只追求他们所谓的高级、雅致，而忽视了，甚至是反对大众艺术，是其失去了创作的源泉；他们创作的题材多取自于古代希腊罗马的传说故事，极大地限制了他们的创作思路；他们强调一切造型都以古希腊雕刻为典范，强调艺术形象的类型化，创作的人物千篇一律，缺乏个性，使艺术失去了生命力和感染力。古典主义已经穷途末路。

但千万不要以为古典主义因此而终结，古典主义艺术是人类文化中某些比较恒定的美学价值的凝结积淀，对社会提出了要尊重传统的历史主义精神和丰富的文化素养，它也不是简单的重复古代，而是重新地创造与发展，是对近代艺术的一种创新和进步。

## 强烈激情对抗冷漠理性

# 浪漫主义

18 世纪末、19 世纪初，一股强大的社会思潮——浪漫主义首先在德国出现，继而在英、法乃至整个欧美传播开来。浪漫主义最初是作为一个哲学概念，由德国的浪漫派知识分子首先提出。

可以说浪漫主义思潮是欧洲近代以来资本主义工业化进程的产物。文艺复兴以来的西方，以工业文明为其主要的标志。人们普遍存在着强烈的征服自然、支配自然的冲动。这推动着人们去发现自然界的规律，使自然科学得到了长足的发展，人们的思维方式也逐渐受其影响。然而，自然规律也同样能运用于人类的社会和历史么？德国知识分子在提出问题的同时，也不断反思和批判着工业文明：席勒和费希特告诉世人，机械会使人们失去想象的激情和生存的和谐。

于是，正是在这一时期，浪漫主义思潮诞生了，它试图以感觉、激情和想象与旧传统抗衡，改变充斥着数学思维的思维方式、拯救被工业文明淹没了的人的灵性。

浪漫派那一代人实在无法忍受不断加剧的整个世界对神的亵渎，无法忍受越来越多的机械式的说明，无法忍受生活的诗的丧失。……所以，我们可以把浪漫主义概括为"现代性的第一次自我批判"。

↑雪莱像
雪莱，英国著名著名诗人19世纪浪漫主义诗歌的代表人物。代表作品有《西风颂》和《解放了的普罗米修斯》。

浪漫主义最突出的特征是主观性，即要求强烈抒发个人情感。浪漫主义作家继承了18世纪感伤主义文学"返回自然"的传统，着力赞美描绘大自然。

## ∷浪漫主义文学成就

继浪漫主义思潮首先在德国兴起后，英、法出现了浪漫主义文学运动。

到19世纪30年代，英国的浪漫主义文学发展成欧洲成就最高的文学。湖畔派诗人、简·奥斯汀、艾米莉·勃郎特等人，都是英国浪漫主义文学的代表。其中最为著名的莫过于拜伦和雪莱了。

乔治·戈登·拜伦（1788～1824），代表作是长诗《唐璜》，主要通过主人公唐璜的经历来揭露和批判专制暴政，追求个人的绝对自由。《唐璜》中诗意的描写、辛辣的讽刺、诙谐的剖析，使这部长诗在内容和风格上都很富于多样性。

拜伦是这一时期欧洲最有影响的作家之一，他的作品不仅拥有众多读者，也使得当时欧洲许多著名作家，如法国的雨果、俄国的普希金、德国的歌德等给予其作品很高评价，并受到他的影响。

波西·比希·雪莱（1792～1822），代表作有《解放了的普罗米修斯》和《西风颂》。前者写于欧洲民族运动的高潮时期。诗中的普罗米修斯被拴缚在高加索的岩石上，遭受着长期折磨，但他坚决不屈，拒绝向暴君投降。雪莱通过诗中预知未来的精灵告诉人们：人类是有希望的，因为人类有反专制的毅力、自我牺牲的精神、哲学家的智慧和诗人的理想。后者抒发了诗人的革命热情：西风虽然摧残了一切，但也传播了新生的种子，诗中的"冬天已经来临，春天还会遥远么？"成为人们表达对未来的信心时所引用的经典名句。

19世纪20年代中期，以雨果为杰出代表的法国浪漫主义文学家走上文坛，他们的作品都带有明显的政治倾向。

维克多·雨果（1802～1885）最著名的代表作是1831年发表的长篇小说《巴黎圣母院》。故事发生在15世纪的巴黎，巴黎圣母院副主教克洛德·孚罗洛追求吉

↑雨果像

雨果是19世纪法国最著名的文学家。他的代表作品有《巴黎圣母院》等。

卜赛姑娘爱斯梅拉达，罪恶的情欲掩盖在道貌岸然的外表下，而圣母院里丑陋且驼背的撞钟人卡西莫多则全心全意地爱慕着她。雨果把卡西莫多写成一个"忠诚"、"勇敢"、具有"自我牺牲"精神的人。雨果在这里宣扬了"爱情"和"仁慈"

↑《欧也妮·葛朗台》的情景绘画
表现了老葛朗台利用女儿作诱饵诱惑那些求婚者，以便从中渔利的守财奴心态。

可以创造奇迹、改造人的精神面貌的人道主义思想，但同时也对中古教会的黑暗和罪恶进行揭露。

乔治·桑（1804～1876），原名露西·奥朱尔·杜邦，早期作品以资本主义社会中妇女的命运为中心，争取妇女婚姻自由和社会地位。19世纪40年代，乔治·桑在创作上从"个人问题小说"转入"社会问题小说"，作品中的正面人物全是主动放弃特权的贵族，他们反映的"仁慈"和"博爱"可以实现阶级合作。1848年革命以后，乔治·桑隐居到故乡的庄园中，从事田园小说的写作。她的作品反映了1830～1848年这一时代的民主思想和进步要求，描绘了"穷人和受轻视的阶级"。她属于恩格斯在1844年所说的"作家当中的新流派"，而这一流派正是那个"时代的旗帜"。

19世纪初，受西欧浪漫主义文学的影响，俄国文坛诞生了最伟大的浪漫主义诗人普希金。普希金在其代表作《叶普盖尼奥涅金》这首长诗中，刻画了俄罗斯文学史上第一个"多余人"形象。这时期，在匈牙利，出现了杰出的诗人裴多菲，他的著名诗篇《自由和爱情》在全世界广为流传。

## ∷浪漫主义艺术成就

浪漫主义思潮不仅体现在文学领域，也体现在艺术领域。

西班牙人戈雅（1746～1828）被认为是浪漫主义美术的先驱。戈雅的铜版画《理性沉睡、妖怪出现》表达了他对纯粹理性的担忧，认为它并不能终结梦魇。

↑ 1808 年 5 月 3 日的枪杀　戈雅　西班牙

此画描绘了法军将逮捕的 5 月 2 日马德里起义者枪杀的情景。1808 年 5 月 3 日，马德里起义失败，法军士兵无视西班牙民族独立，不经法律程序，便把俘虏的起义者拉到皇宫附近的太子山旁执行枪决。画家曾亲临现场速写。画面中，在角灯的照射下，待枪决的民众、冷酷的枪口以及机械的刽子手，与衣物及地面上的斑斑血迹、黎明的灰色，这一场面在画家极认真地用色上表现得对照鲜明。尤其是画面焦点，即左面穿白衫的市民，其面临死亡的恐惧与为国牺牲的自豪感，极其真实地流露出来。整个场面，令人对战争的残酷和愚昧深为反感。

戈雅最为著名的作品是《1808 年 5 月 3 日：枪决马德里的保卫者》，反映的是拿破仑大军攻陷马德里后对抵抗者进行的血腥报复。戈雅把普通大众置于画面的中心，称他们才是真正的英雄。

　　浪漫主义美术在法国可谓群星璀璨，最著名的是籍里柯（1791 ~ 1824）。他的代表作是《梅杜萨之筏》，描绘了在一场由于贵族的无知造成的海难中，人们为了生存而互相攻伐，乃至吃人的场景，一个个人物被置于画面的中心，对浪漫主义美术的继续发展产生了根本影响，这一画作也因为不迎合当局、冲破了政府的消息封锁而获得了金奖。

　　德拉克洛瓦（1798 ~ 1863）是另一颗浪漫主义美术的亮星。他是雨果的好友，对现实有着敏锐的观察。注重色彩运用是其风格。德拉克洛瓦的代表作是《希阿岛的屠杀》，以色彩浓重的场景反映了土耳其对希腊的掳掠，被人们视为浪漫主义美术到达高潮期的标志。另一幅代表作是气势恢宏的《自由引导人民》：女神半裸上身、手持三色旗，回首召唤爱国者们向前，而她的脚下是横七竖八的、牺牲者的尸体。这两幅代表作都具有极大的视觉冲击力和心灵震撼性。

浪漫主义雕塑也以法国为盛，代表人物是弗朗西斯·吕德（1784～1855）。他的代表作是置于凯旋门上的浮雕《马赛曲》。《马赛曲》只有7个人物形象，但是手持利剑的女神、久经沙场的父亲、初着戎装的孩子、号手、弓箭兵等形象得到了细腻的体现，组合在一起仍旧发出了撼人的气势。

浪漫主义的建筑形式被这样的思想主导着：借往昔以产生幻想。浪漫主义者要么复建名胜、仿建其他地区和时代的建筑——被称为历史主义，要么将各种建筑风格融合到一起——被称作折中主义。杜克重建法国比埃尔枫城堡、申克尔修复德国科隆大教堂、巴里爵士设计的哥特式风格的伦敦议会，都是"历史主义"的体现；加尼埃设计的巴黎歌剧院、库帕斯设计的阿姆斯特丹国家博物馆，都是"折中主义"的体现。

## ::历史影响

由于时代的局限，浪漫主义作品往往会带有宗教和神话色彩，文学家和艺术家们的政治理念有时也制约了作品的生命力。19世纪中叶以后，浪漫主义进入了衰微期，但是在历史的长河中，它的影响是不可抹杀的。

浪漫主义者倡导和谐，反对把自然当作征服和奴役的对象，这一点是比近代西方"理性"更有利于人类发展的精神财富；浪漫主义作品大多通过艺术手法赞颂自由、表现个人的情感与欲求，感觉、激情和想象得到了很好的结合，大大激发了后来者的创造力；浪漫主义作品并未完全脱离社会现实，风格也远非教条和呆板的，而且其作品内容充满了对普通人的关注，使其更易被人民大众所接受，拥有更广泛的基础。

→自由领导人民　法国　德拉克洛瓦

这是德拉克洛瓦的代表作。在画面的正中央，半裸的自由女神手举蓝、白、红三色旗引导人民为自由而战。整幅画具有很强的现实感。

## 直面现实，关注人生

# 现实主义

现实主义有两种含义，它既指 19 世纪 30 年代后主导欧洲文艺的思潮和流派，也指一种文艺创作的原则和方法。最早从哲学意义上使用"现实主义"一词的，是德国诗人席勒，他于 1789 年 4 月 27 日曾致信歌德，其间就使用了"现实主义"一词。

半个多世纪之后，法国画家库尔贝和小说家尚弗勒里等人也用"现实主义"来定义当时的新型文艺，尚弗勒里同杜朗蒂（小说家兼批评家）共同创办了一个短暂的刊物：《现实主义》（1856～1857，共出 6 期）。刊物发表了库尔贝的文艺宣言，主张"研究现实"、如实描写普通人的生活，提出"现实主义的任务在于创造为人民的文学"。巴尔扎克被称为现实主义方法的创始者之一，狄更斯、萨克雷、果戈理、屠格涅夫等各国作家也被归入现实主义文学家的阵营。

现实主义作为思潮流派和艺术手法，不仅走进了文学，也走进了艺术，在世界各地传播开来。

↑巴尔扎克像

他的名言"取笑会使一个人的心干枯，伤害所有的情感"、"自满、自大和轻信是人生的三大暗礁"、"谄媚从来不会出自伟大的心灵"等，已经深深地为广大读者所铭记。

## ::现实主义文学发展简史

现实主义文学主张从实际出发，力求真实地描绘现实、冷静地观察现实、客观地评价现实、注重细节的真实性，从 19 世纪 30 年代开始，逐渐成为文学的主流。当时古典主义几乎绝迹、浪漫主义则退居次席。

现实主义文学超越浪漫主义文学，是社会历史发展的结果：浪漫主义作为 19 世纪 20 年代反对古典主义的主力军，在 1848 年以后逐渐失去了生命力，已不能担负新的历史任务；而现实主义既反对僵化的古典主义，也反对粉饰现实的浪漫主义，具有强烈的批判现实精神，往往揭露资本主义社会的罪恶和弊病。19 世纪自然科学领域的三大发现、空想社会主义学说的传播，也为作家用客观和批判的眼光观察世界提供了强大的精神武器。

现实主义文学在法国发源，其后在英国和德国迅速发展，涌现了一大批现实主义名家，如巴尔扎克、福楼拜、莫泊桑、狄更斯、海涅等。作家们普遍怀有人道主义思想，力图真实地反映生活的本来面目，从社会的日常生活中取材、用平凡的题材反映资本主义社会的生活，深刻地揭露和批判社会矛盾。北欧各国的现实主义文学于

**↑托尔斯泰像**

托尔斯泰是 19 世纪俄国最伟大的作家，1863～1869 年托尔斯泰创作了长篇历史小说《战争与和平》，这是其创作历程中的第一个里程碑。1873～1877 年他经 12 次修改，完成其第二部里程碑式巨著《安娜·卡列尼娜》，小说艺术已达炉火纯青。19 世纪 70 年代末，托尔斯泰的世界观发生巨变，写成《忏悔录》（1879～1882）。80、90 年代创作的主要作品有剧本《黑暗的势力》（1886）、《教育的果实》（1891）、中篇小说《魔鬼》（1911）、《伊凡·伊里奇之死》（1886）、《克莱采奏鸣曲》（1891）、《哈泽·穆拉特》（1886～1904）；短篇小说《舞会之后》（1903），特别是 1889～1899 年创作的长篇小说《复活》是他长期思想、艺术探索的总结，也是对俄国社会批判最全面深刻、有力的一部著作，成为世界文学不朽名著之一。托尔斯泰晚年力求过简朴的平民生活，主动要求放弃贵族称号。1910 年 10 月从家中出走，11 月 7 日病逝于一个小站，享年 82 岁。

19 世纪中期开始形成，安徒生和易普生具有代表性。俄国的现实主义文学形成于 19 世纪 30 年代，且具有极强的活力。普希金、列夫·托尔斯泰、车尔尼雪夫斯基、别林斯基、契诃夫等都是杰出的代表。美国现实主义文学形成于 19 世纪八九十年代，比欧洲晚了半个世纪，马克·吐温最具代表性。

现实主义文学家的阵营可谓群星闪耀，其中最为著名、对后世影响最大的有以下几位。

巴尔扎克（1799～1850）的家庭是在法国大革命后迅速致富的，他曾涉足商业和出版印刷业，但最终都破产了。这些经历成了他日后写作的一手材料。

他对哲学、经济学、历史、自然科学、神学等领域也进行了深入的研究，知识极为广博。1829年，巴尔扎克完成了取材于现实生活的长篇小说《朱安党人》，这被誉为法国现实主义文学的第一块基石。他一生创作了96部小说和随笔，代表有《欧也妮·葛朗台》和《高老头》等，全部收入到《人间喜剧》中。《人间喜剧》的《前言》阐述了现实主义创作方法和原则，为法国现实主义文学奠定了理论基础。《人间喜剧》向人们展示了当时贵族阶级的衰微和资产阶级的勃兴，其对现实的描写甚至可以作为历史材料为历史学家和社会学家所用。100多年来，他的作品传遍了全世界，马克思和恩格斯称赞他是"超群的小说家"、"现实主义大师"。

狄更斯（1885～1930）出生在英国一个海军小职员家庭，只上过几年学，全靠自学成才。狄更斯一生共创作了14部长篇小说，以及许多中、短篇小说和其他体裁的作品。其中最著名的作品是描写劳资矛盾的《艰难时世》和描写1789年法国革命的《双城记》。其作品对广泛的社会场景进行了真实地描绘，对英国社会尖锐的社会矛盾进行了深刻揭露。狄更斯的作品，细节描写生动、手法幽默有趣，塑造出了众多个性鲜明、具有社会意义的中下层小人物形象。狄更斯的作品也含有不少浪漫主义成分，经常运用对比、夸张、象征等手法渲

↑反映托尔斯泰晚年亲自耕种的油画

染某种气氛，具有浓厚的感情色彩和感伤情调。

列夫·托尔斯泰（1828～1910）出生于俄国贵族家庭。他对贵族生活持批判态度，并主张自上而下进行改革，这从其早期作品中不难看到。通过外出游历，托尔斯泰的写作日趋成熟。他的代表作是 1863 年到 1869 年创作的长篇历史小说《战争与和平》。小说以四大家族相互关系为情节线索，展现了当时俄国从城市到乡村的广阔社会生活画面，反映了 1805 年到 1820 年间发生的一系列重大历史事件，歌颂了英勇爱国的俄国人民，探讨了俄国的前途和命运、特别是贵族的地位和出路问题。小说结构宏大、人物众多、典型形象鲜活饱满，堪称一部史诗。其他代表作还有《安娜·卡列尼娜》、《忏悔录》、《复活》等。

# ::现实主义艺术成就

1848 年，法国革命遭到残酷镇压后，许多艺术家在创作中仍坚持批判现实的原则，其中一些人还积极参加了人民武装起义（如 1848 年二月革命时的德康；1871 年巴黎公社中的库尔贝等）。19 世纪 30 到 70 年代强大的现实主义运动，配合了当时的政治斗争，在文艺史上留下了光辉的一页。

库尔贝是他们中间杰出的代表。他在 1855 年送交世界美展的 11 件作品中，最重要的两幅《奥尔南的葬礼》和《画室》落选，于是他撤回全部作品，自租场地举行个人画展，并宣布：我要根据自己的判断，如实地表现我所生活的时代的风俗和思想面貌。《画室》是库尔贝生活环境的集中反映，画中有为现实主义而战的评论家和画家，有各种年龄的模特儿，有象征人民的罢工工人和爱尔

## 现实主义艺术家简介

阿尔芒：1928 年出生。其创作特点为堆积和组合。阿尔芒与美国的波普艺术家——同样的画布上组合 100 幅玛丽莲画像的沃霍尔有异曲同工之妙。

恺撒：1921 年出生，1998 年去世。在他的眼中艺术是"表现我们时代异化现象的素材。"

杰拉尔·德尚：1937 年生。当德尚将简单的破布组成一幅图画时，人们会发现他是现代的、清新的艺术家。

弗朗索瓦·杜弗莱纳：1930 年出生，1982 年去世。他在写作时喜欢颠倒词语成分。杜弗莱纳对海报的背面和诗歌同样感兴趣。

雷蒙·汉斯：1926 年生。他是与维尔格雷齐名的最早的新现实主义者。对自己的艺术创作下的定义是：我是摄影师，我用相机掌握素材，而不仅仅是给它拍照。

伊夫·克莱因：1928 年出生，1962 年去世。他的表现手法是在滚筒上绘画，展示纯颜料作品。

↑拾穗者　米勒

米勒是法国少数几个直接了解农民生活的画家，他不仅描绘农民的悲惨生活，同时也宣扬了他们生活中所具有的高贵和尊严。《拾穗者》有着古代雕塑的魅力，罗曼·罗兰曾评论说："米勒画中的三位农妇是法国的三位女神。"

兰妇女，还有一个正在聚精会神地观看画家创作风景的小孩。这些毫不相干的人物都被很好地安排在一个画面之中。而《奥尔南的葬礼》则堪称绘画中的"人间喜剧"，死者的亲朋好友、掘墓工、教士、法官、公证人、维持治安者等人物都表现得栩栩如生，库尔贝通过组织画面、刻画心理，毫不留情地揭示出人物的贪婪、奸诈和虚伪。有评论者高度评价道："源于生活的真实美既摧毁了新古典主义的理想美，也摧毁了浪漫主义的夸张美，它代表了个体主义的时代精神。"

　　米勒（1814～1875）出身于农民家庭，童年时代的农村生活给他留下深刻的印象，对父母抚爱的怀念和在巴比松看到的田间场景，促使他携全家来到巴比松定居，以其独特的朴素风格，真实地塑造了贫苦农民的形象，也使平凡的农村生活场景放出了奇光异彩。《扶锄者》描绘的是位在清晨便开始劳作的农民扶着锄头歇息的样子。从他扶着锄柄的双臂、脸上的汗水和微微张开的嘴，可以看到他疲劳的程度。因而有评论惊恐地指责它"不是绘画，而是宣言"。《拾穗者》也是如此：三位农妇弯着腰，在收割过的田里费力地寻找遗落的一点点麦穗。画家没有作任何美化，人们甚至看不清她们垂向地面的脸，但是所体现出的劳动的神圣已经使人们感到惊奇了，"在拾穗者背后的地平线上，似乎有造反的长矛和1793年的断头台"。米勒始终怀才不遇，非常贫困，疾病和穷苦不断袭击着他。然而他把艺术奉献给"泥土上的英雄"的决心从未动摇过。这一点对他一生的艺术成就是有决定意义的。

罗丹（1840～1917）是法国现实主义雕塑大师，同米勒一样，虽具有旷世奇才，却一生坎坷。他三次投考美院落榜，直至40岁仍默默无闻。在困窘的环境中，罗丹不断地出示新颖、精彩的创作。《施洗者约翰》、《行走的人》歌颂了人体阳刚之美。《沉思者》传达出肌肉的表情，《加莱义民》的英勇的市民形象，都使人心震撼。罗丹的手法和创作灵感在《地狱之门》那里得到尽情发挥，200多个人物在门内进行着奇特组合，是罗丹毕生心血的结晶。

## ::历史影响

现实主义所具有的研究现实、如实表现的原则和坚定的批判精神，其实早已存在于人类的思想之中了，只不过以近代西方表现得最为明显和激烈罢了。不过，几乎贯穿19世纪的现实主义思潮，的确唤醒了一些国家、特别是早有现实主义传统的东方国家，这些国家的作家们，如中国的巴金、鲁迅，印度的泰戈尔和日本的夏目漱石，都发出了东方文学家的最强音。

现实主义艺术形式比较直观，易于普通大众接受，在历次政治活动中都起到了宣传作用。同时，现实主义作为一种创作方法和原则，在20世纪直至21世纪也仍在发展。它不仅继承了19世纪的传统，也吸收和创造了许多新的形式和手法。

← 思想者 青铜 法国 罗丹

这座雕塑被誉为罗丹艺术人生的里程碑，这座圆雕预定放在《地狱之门》的门顶上。但是，因为《地狱之门》并没有完成，所以这座圆雕后来被独立出来，放大了3倍。塑像雕刻了一个巨人弯着腰，屈着膝，左手托着下颌，向下默视。他深沉的目光以及拳头触及嘴唇的姿态展现出内心极度痛苦。他似乎陷入了一种绝对的冥思之中，全神贯注，思考着人类的历史、现在以及未来的痛苦。这些痛苦也表现在他的表情上。

# 开现代派风气之先的文艺运动

# 未来主义

未来主义是 20 世纪初在意大利出现、盛行西方和俄国的一种文艺运动，它主张在新的历史条件下要有新的文艺形式的出现……

未来主义是一种于 20 世纪初在意大利出现、盛行西方和俄国 10 余年的文艺运动。

1909 年 2 月 20 日，意大利诗人、戏剧家马利涅蒂在法国《费加罗报》发表《未来主义宣言》，以浮夸的文字宣告传统艺术的死亡，号召创造与新的生存条件相适应的艺术形式，宣告未来主义的诞生。翌年，他又发表《未来主义文学宣言》，进一步提出未来主义的理论主张。这年 2 月，画家博乔尼等发表《未来主义画家宣言》。1911 年，俄国谢维里亚宁出版《自我未来主义序幕》，揭开了俄国未来主义的序幕。1912 年出版的诗文集《给社会趣味一记耳光》，内有马雅可夫斯基等人的《宣言》，全面阐明了俄国未来主义的理论主张。1913 年，马利涅蒂和帕拉采斯基等编辑未来主义刊物《莱切巴》；同年，马利涅蒂又去俄国旅行，宣传未来主义。1914 年，基蒂等在佛罗伦萨等地组织"未来主义晚会"。1915 年，马利涅蒂、塞蒂梅里等发表《未来主义戏剧宣言》。1916 ~ 1918 年，基蒂参与创办刊物《未来主义的意大利》，宣传未来主义的戏剧理论。

当时在西方国家流行的尼采、柏格森哲学思想，以及空前泛滥的虚无主义

←马雅可夫斯基塑像
屹立于莫斯科高尔基大街。

和无政府主义思想，给了未来主义先驱们极大的影响。他们用虚无主义眼光看待世界，情绪迷乱，否定一切；企图摆脱羁绊，向往模糊的未来。

未来主义运动很快波及法、英、德、波和俄国等许多欧洲国家，在俄国影响最大。自文学开始，很快席卷了绘画、音乐、戏剧、电影、雕塑、舞蹈、建筑等各个艺术领域。

未来派派别繁多，其政治态度和理论主张也有很大差别。如马利涅蒂是意大利未来主义右翼的代表，1918 年他与法西斯党合作，有些未来派作家也成为法西斯主义帮凶。而以帕拉莱斯基为首的另一批未来派作家则对马利涅蒂的做法深为不满，退出了未来派。俄国的未来派既有以谢维里亚宁为代表的自我未来派，也有以赫列勃尼科夫、马雅可夫斯基为代表的立体未来派。谢维里亚宁等人是未来派中资产阶级文化的卫道者。赫列勃尼科夫的早年创作，具有斯拉夫主义的倾向。他对资本主义的技术文明以及城市持全盘否定的态度。而马雅可夫斯基则是未来派积极一面的代表。1925 年，以马雅可夫斯基为主的"左翼艺术战线"的解散，标志着俄国未来主义的结束。

## ::基本思想

未来主义者鉴于 20 世纪初工业、科学、技术、交通和通讯的飞速发展，使客观世界发生了根本的变化，热情歌颂物质文明，提倡"现代精神"，即赞美都市化、工业化和高速度。他们与旧的传统文化决裂，提倡文学艺术内容和形式的革新。他们认为，现存的文学艺术都已腐朽、僵死，无力反映当今时代，应该全部摒弃。他们提倡创作以"自由不羁的字句"为基础的诗，以便随心所欲地表达运动的各种形式、速度及组合。他们强调直觉，主张用一系列的"类比"、"感应"、"凌乱的想象"来排斥理性和逻辑，表现作者朦胧的奥秘和不可理解的感受，表现病态、梦境、黑夜，甚至死亡。未来派还提倡取消诗的标点符号，消灭了形容词或副词。在诗歌的音韵和格式方面，未来派有较大创新。赫列勃尼科夫创作了"转意"法，法国阿波利奈尔开创了阶梯式诗歌形式，而马雅可夫斯基则强调从现实生活的音响中去发现诗的韵律，他的立体式诗歌就以此为基础而形成。

他们把战争、暴力和恐怖都看作是摧毁旧世界、创造新未来所必需的手段，都给予赞美和歌颂。他们诅咒人类的文化遗产和现存的文化是腐朽、僵死、毫无价值的,他们的口号是"摒弃一切博物馆、图书馆和科学院",反对一切模仿的形式,反抗和谐与高雅的趣味，否定艺术批评的作用。未来主义理论反映了一群意大利年轻的美术家要求创新的强烈愿望。他们对意大利文艺 19 世纪以来停滞不前的落后状态不满，希望本民族的文艺崛起。他们的主张也确实有受到工业和科技革命鼓舞的一面。此外，未来主义是在意大利民族主义情绪高涨的情况下出现的，在反映意大利民族自我觉醒和自我奋起情绪的同时，又反映了这个民族的青年知识分子在历史转折时期的榜徨、不稳定、虚无和偏激的弱点。

## ::未来主义美术

　　1910 年 2 月 11 日，由卡拉、博乔尼、L.鲁索洛、巴拉和塞韦里尼在米兰签署的《未来主义画家宣言》发表，呼吁画家们发展未来主义的风格，标志着未来主义美术的诞生。同年 4 月，发表《未来主义绘画的技法宣言》。1912 年和

1914 年，又分别有关于雕塑和建筑的宣言发表。未来主义美术的首次展览于1912 年 2 月在巴黎举行，并先后在伦敦、柏林、布鲁塞尔、汉堡、阿姆斯特丹等地巡回展出。之后，又举行过两次未来主义展览。马利涅蒂于 1914 年到圣彼得堡和莫斯科访问和发表演讲。这些活动都扩大了未来主义在欧洲的影响。

　　未来主义美术从其发端日起，便受到了立体主义的影响。未来主义的艺

→蓝衣舞女　塞维里尼
*塞维里尼为未来主义创始人之一，他的作品用离奇的手法表达抽象的事物或人物，并用虚无的眼光来看世界。*

术家们利用立体主义分解物体的方法来表现运动的场面和运动的感觉。他们还采用新印象主义的点彩手法。他们热衷于用线和色彩描绘一系列重叠的形和连续的层次交错与组合，并且用一系列的波浪线和直线表现光与声音，表现在迅疾的运动中的物象。

未来主义最重要的画家有巴拉（1871～1958），他是从新印象主义转向未来主义的。他的代表作之一《链子上一条狗的动态》（1912）描绘奔跑的狗和女人的足，将一连串的运动凝缩于画面，给人的感觉是奔跑的狗有几十只脚；塞韦里尼（1883～1966）是融汇了立体主义语言的画家，他善于用几何形的语言表现动态；卡拉（1881～1966）是联系未来主义与形而上画派的桥梁人物。

博乔尼（1882～1916）是未来派的核心人物，他是画家和雕塑家，也是1912年4月发表的未来主义雕塑宣言的作者。他主张从力动的观点来表现客观事物，建议更多地采用抽象符号。雕塑《空间中连续的形》（1913）是他表现运动中错综复杂的印象和连续动感的代表作。

第一次世界大战爆发不久，未来主义运动便趋向消沉。参与未来主义运动的许多画家转向用传统的手法来表现自己的观念。

## ::未来主义文学

未来主义文学是最早出现的现代主义文学流派之一。1909年2月20日，这一流派的创始人，意大利诗人与理论家马利涅蒂在巴黎的《费加罗报》发表了《未来主义宣言》，宣告未来主义的诞生。不久他又发表了《未来主义文学宣言》和一些未来主义的"技术宣言"。他的思想很快为一些意大利作家、诗人所接受，并从意大利迅速扩展到西方其他国家，同时也波及绘画、音乐、戏剧等其他艺术领域。

在文学形式上，未来主义主张彻底废弃传统手法，随心所欲的创作，他们采用简单的警句、口号等自由语，用拟音法表现生活中的实际音响效果，用数目字和数学符号写

↑空间中连续的形　雕塑　博乔尼

诗，提倡无线索的想象和不连续的语言，独创高低不一、忽起忽落的字行等。

　　未来主义戏剧家将荒诞作为艺术的表现手段，把人的主观意识置于创作的中心地位，把幻想、潜意识、飘忽不定的内心世界作为表现对象。舞台装置、布景可以随意设计，化妆也不必合理，表演也绝对自由，主张打破演员和观众的界线等等。这些主张和方法对后来的现代派文学，特别是表现主义和荒诞派戏剧产生了直接的、深刻的影响。

　　意大利最著名的未来主义作家是马利涅蒂（1876～1944），他是未来主义的创始人和理论家。他的著作很多，较为著名的有诗集《血肉之城》、散文集《飞速的西班牙和未来主义公牛》、长篇小说《未来主义者马法尔卡》、剧本《他们来了》等。另有帕拉泽斯基（1885～1974），著有诗集《诗钞》、《纵火者》和长篇小说《贝拉的法典》。

　　法国最重要的未来主义诗人是阿波利奈尔（1880～1918），他在1913年发表的《未来主义的反传统》，为诗歌中的未来主义树立了一面旗帜。他将诗歌创作和绘画、音乐、声响结合起来，并借鉴立体主义的绘画技法，创立了"立体未来主义"。他的诗集《美好的文字》就是用文字组成的各种图形的抒情诗，如《镜子》，就是作者照镜子的形象展示。他的《醇酒集》被认为是法国诗坛上最出色的诗集，他摆脱传统诗律的束缚，在内容和语言结构上力求创新，开辟了现代诗的结构方向。

　　俄国未来主义重要的诗人是马雅可夫斯基，在诗歌形式上，他受阿波利奈尔"立体诗"的启发而创作了著名的"梯形诗"。

←阿波利奈尔墓

# 人类思想史的一座丰碑

# 资本论

《资本论》共分4卷，它研究了生产过程、资本的流通过程和资本的总过程、总形态，实质上也就是探讨剩余价值的生产、流通和分配的……

　　1818年5月5日，马克思主义的主要创始人、人类历史上最伟大的思想家之一马克思出生在德国莱茵河畔的特里尔市。他的父亲是一个著名的律师，崇尚自由，少年马克思深受其影响。早在中学时代，马克思就树立了为人类的幸福而努力奋斗的宏伟抱负。1835年后，马克思先后在波恩大学和柏林大学攻读法律，但对哲学的兴趣更加浓厚。1841年，马克思获得哲学博士学位。1842～1843年初，马克思在《莱茵报》工作。1843年，马克思和燕妮结婚。1844年初，马克思和当时的著名学者卢格在巴黎创办了《德法年鉴》杂志，并在那里结识了恩格斯，在恩格斯的影响下，马克思开始研究资本主义政治经济学，一直持续到生命的最后一息。

↑马克思像

马克思出生于德国。1844年8月，在巴黎结识恩格斯，他与恩格斯发现他们在对资本主义的起源、性质、发展前途以及一切理论问题上的认识竟完全相同，俩人便决定携手共创科学社会主义。

　　1844年以后，马克思和恩格斯合作创作了《神圣家族》、《德意志意识形态》等著作，建立了马克思主义的世界观，创立了辩证唯物主义和历史唯物主义哲学。1847年，马克思发表了《哲学的贫困》一书，标志着马克思主义的正式诞生。1848年2月，马恩合著的不朽巨著《共产党宣言》公开发表，标志着马克思主义和无产阶级的工人运动结合在一起。

　　大革命失败以后，马、恩相继流亡伦敦。在伦敦马克思系统地阅读了古典经济学的大量著作，如詹姆斯·穆勒的《政治经济学原理》、大卫·李嘉图的《政治经济学及赋税原理》、亚当·斯密的《国富论》等，着手创立马克思主义经济学，写作了关于政治经济学研究的大量的笔记和手稿。1855 年初，马克思在整理自己笔记的基础上，写作了简明的提纲，准备创作经济学的著作。为了弄清资本主义的一系列问题，从 1857 年 11 月到 1858 年 5 月，马克思完成了纲要式的《政治经济学批判》的手稿。1859 年 6 月，《政治经济学批判》出版。后来，国际工人运动高涨，马克思积极投入组织第一国际的活动，使研究和写作受到了一定的影响。1861 年，马克思重新考虑经济学研究和批判的写作框架，他决定重点写作资本的部分。1863 年 7 月，马克思写完了一部新的政治经济学的手稿，奠定了《资本论》的主要内容。到 1865 年底，马克思再次写作了一份新的政治经济学的手稿，决定《资本论》共分 4 卷。1867 年 9 月，《资本论》第 1 卷终于出版。由于国际共产主义运动事务很多，而且，马克思对自己的作品要求很高，因此，马克思并没有如愿在有生之年把《资本论》出齐。《资本论》第 2、3 卷由恩格斯分别在 1885 年和 1894 年整理编辑出版；恩格斯去世以后，考茨基在 1905 年到 1910 年间编辑出版了第 4 卷。

　　1883 年 3 月 14 日，马克思在伦敦病逝。

## ::基本思想

　　鸿篇巨制《资本论》共分 4 卷，前 3 卷是理论部分，研究资本的运动，即资本的生产过程、资本的流通过程和资本的总过程、总形态，实质上也就是探讨剩余价值的生产、流通和分配的过程。这 3 卷构成了一个以资本和剩余价值为核心的理论体系。第 4 卷是学说史部分，即历史的批判部分。

↑《资本论》书影
《资本论》是马克思研究资本主义的重要理论著作。马克思以剩余价值学说为基础，全面地研究了资产阶级的经济规律，揭示了资本主义生产方式的基本矛盾和资本主义必然灭亡的规律。

　　第一卷共 7 篇。在第一篇中，马克思改造了比资本和剩余价值更为抽象的商品、价值、货币概念，论述了一般商品经济的价值规律。

　　第二篇至第五篇是《资本论》全书的核心，就是对剩余价值的规律展开分析和论述。其中，第三篇“绝对剩余价值的生产”是全书核心中的核心。它主要论述了三个问题：一是对不变资本和可变资本的分析，二是对剩余价值概念的规定，三是对绝对剩余价值概念的界定。马克思对剩余价值的纯粹形式进行了系统考察，以此来说明了资本主义生产方式的本质和资本家对工人的剥削。

《资本论》第一卷揭示了资本主义剥削的秘密。资本主义的商品交换是按照等价交换原则进行的，然而背后却隐藏着不等价交换的实质。"劳动力"成为揭示这个秘密的关键。资本家与工人等价交换的是劳动力，而非劳动。劳动力的使用过程才是劳动，它创造出比市场上资本家预付给工人的劳动力价值更大的价值。工资这种形式极巧妙地掩盖了剥削，使工人的全部劳动看起来都像是有酬劳动。工资无非是劳动力的价值而已。工人一无所有，生产资料都掌握在资本家手中，这种所有权对于资本家来说表现为占有工人无酬劳动的权利，而对于工人来说，则表现为不能占有自己的产品。工人创造的财富在资本家手中变成了资本。只要它存在，就要无限制地不择手段地让财富越来越多。工人用自己的双手创造了这个吸血鬼，却又不得不再用自己的活劳动的鲜血去养肥它，它越壮大，工人就越不能摆脱它了。

工人成了自己创造的财富的奴隶！工人的出路在哪里呢？马克思在第一卷最后，研究了资本积累一般规律，其目的就是要说明资本的增长对工人阶级的命运产生的影响。

对剩余价值的无止境的贪欲和激烈的竞争，使得资本家竭力提高生产的技术水平，提高资本的有机构成。资本积累一端是资本家手中财富的积累，而另一端却是工人阶级贫困的积累。然而，一切发展的东西都是有限度的，量变最终会带来质变。随着那些掠夺和垄断这一转化过程的全部利益的资本巨头不断减少，贫困、压迫、奴役、退化和剥削的程度不断加深，而日益壮大的、由资本主义生产过程本身的机构所训练，联合和组织起来的工人阶级的反抗也不断增长。生产资料的集中和劳动的社会化，达到了同它们的资本主义外壳不能相容的地步。这个外壳就要炸毁了。资本主义私有制的丧钟就要敲响了。剥夺者就要被剥夺了。资本主义制度必然会过渡到共产主义制度。

《资本论》科学地指明了资本主义必将走向灭亡，而它的掘墓人——工人阶级必将胜利这一不可逆转的历史趋势。

《资本论》第二卷的标题是"资本的流通过程"，共三篇，主要论述了两个问题：一，对个别资本再生产和流通的抽象考察，或对资本循环、资本周转概念的规定；二、对社会资本再生产和流通的总体考察。

通过对社会资本再生产和流通的考察，马克思进一步说明了社会总资本在运动中所采取的各种形式，从而把第一卷中关于资本积累的本质和内容的规定，更加完善和具体化。与此同时，为第三卷对社会资本再生产总过程的论述，创造了必要的前提。

《资本论》第三卷的标题是"资本主义生产的总过程"，共七篇，主要解决四个问题：第一篇至第三篇是对利润概念和平均利润概念的改造和规定；第四篇和第五篇，是对平均利润的两个具体形式商业利润和利息概念的改造；第六篇是对地租概念的改造，第七篇是全书的总结性论述。

## ∷历史影响

《资本论》问世100多年来，不论是马克思主义的信奉者还是反对者，他们都认为《资本论》是人类思想史上最伟大的著作之一。在西方经济学的历史上，马克思与亚当·斯密、约翰·凯恩斯三峰并峙。亚当·斯密热情称颂资本主义的自由市场经济所带来的益处，而马克思清醒地看到了资本主义阴暗的一面，并认为这将导致资本主义的最终灭亡。凯恩斯寄望于合理的政府政策，以挽救资本主义。而马克思认为，资本家将会出钱买通政府官员，政治家将不会施行任何可能改善工人阶级状况、避免阶级矛盾激化与革命性剧变的政策，如失业保险、福利制度、最长工作时间以及最低工资限额等。

无可讳言的是，《资本论》产生的年代与现代世界已有很大差别，近几十年以来，西方资本主义地都施行了许多缓解社会矛盾的政策，劳资管理的冲突减弱到了可以控制的程度。

尽管如此，但资本主义的本质、基本矛盾没有改变。当然，无论经过多么长期而复杂的过程，共产主义的历史总趋势不会改变。

↑在《资本论》发表之前，工人并不知道自己艰辛的劳动仍然换不来温饱的原因何在。《资本论》的发表使广大工人认识到了这其中的原因，大规模的工人运动随之而来，它预示着资本主义制度即将为社会主义制度所替代。

# 西方现代经济学的集大成者

# 《经济学》

1915 年，著名经济学家、诺贝尔经济学奖获得者保罗·萨缪尔森出生于印第安纳州。1935 年，毕业于芝加哥大学经济系；同年到哈佛大学深造，1938 年，他获得哈佛大学经济学硕士学位；1941 年，获哈佛大学哲学博士学位。1940 年，他接受麻省理工学院经济系的聘请，担任助理教授，1947 年提升为教授，后来一直在该校任教。萨缪尔森曾任美国全国资源计划局顾问、美国财政部和联邦储备局顾问、美国总统经济顾问委员会委员，还曾任美国经济学会会长、计量经济学会会长和国际经济学会会长。萨缪尔森研究的范围几乎涉及西方经济学的所有领域。鉴于他

*Paul A Samuelson, MIT, July 2000*

**↑萨缪尔森像**

萨缪尔森是美国当代著名经济学家，新古典主义学派的代表人物，美国的凯恩斯主义者。他最主要的经济学论著有《经济学》等。

在提高经济理论的科学分析水平方面做出的突出贡献，1970 年的诺贝尔经济学奖授予了他。

萨缪尔森把新古典学派马歇尔的理论同凯恩斯的理论综合起来，建立了"新古典综合派"或"后凯恩斯主流经济学"。

该书另一位作者威廉·诺德豪斯出生于美国的新墨西哥州，毕业于耶鲁大学，曾经在麻省理工学院获得博士学位。是耶鲁大学经济学教授，曾经当过卡特总统的经济顾问团成员。

在二战期间，绝大多数的资本主义国家根本无法实施凯恩斯在二战前提出的经济政策。在战争结束后的经济恢复时期，为了给政府提供帮助，萨缪尔森等人写出

了《经济学》。1948 年，由
美国麦格劳－希尔图书公司
出版了第 1 版，立即赢得了
西方许多国家政府和学术界
的一致欢迎。

---

**萨缪尔森的主要著作及重要文章**

《经济分析的基础》（1947）

《经济学》（1948）

《线性规划与经济分析》（1958）

《萨缪尔森的样品》（1973）

《乘数分析和加速原理的联合作用》（1939）

《资本理论的寓言和现实性：代用的生产函数》
（1962）

---

到 20 世纪 60 年代，
西方资本主义国家进入了
经济繁荣时期，凯恩斯的
经济理论和经济政策越来
越显得过时了，它所主张的政府干预经济的经济政策，给西方国家经济发展带
来了许多麻烦，导致政府背上巨额的财政赤字。因此，需要对凯恩斯的经济理
论和政策进行一些调整。于是，作者开始对该书进行一系列的调整和修订，把
凯恩斯和新古典经济学的理论进行了综合，形成了新古典综合经济学。70 年代后，
爆发了资本主义经济危机，经济一度滞涨，新古典综合经济学逐步失效，在西
方出现了货币主义、理性预期经济学等新自由主义经济学。在此背景下，萨缪
尔森对《经济学》进行了全面的修订，部分内容甚至进行了重写。1985 年，本
书出版了第 12 版。到 20 世纪 90 年代，已经出版了 14 版。

在国内，根据《经济学》第 10、12、14 版，分别译出了多个版次。

## ::基本思想

在《经济学》一书里，作者首先给经济学下了定义：经济学是研究人和社会如
何进行选择，来使用可以有其他用途的稀缺的资源以便生产各种商品，并在现在或
将来把商品分配给社会的各个成员或集团以供消费之用。作者由此提出了三个方面
的经济问题：(1) 生产什么商品以及生产多少？(2) 如何进行生产？(3) 应该为谁来生产？
这三个问题密切相关，分别是生产目问题、生产手段问题和分配问题。

接着，萨缪尔森提出了作为他的经济理论的基本前提和出发点的稀缺规律。
他认为，在任何历史条件下，所存在的生产要素和资源的量都是有限的，技术的知
识也会有一定的限度，因此只能生产出有限量的生产物。他借用那个著名的大炮和
黄油的例子进行阐述。假定社会上需要生产两类物品：大炮和黄油。在一定的土地、
水力等自然资源条件下，运用一定的生产手段（工具、厂房）和技术知识，就存在
一个军用物品和民用物品的选择问题。用于生产大炮的资源和技术条件越多，用于

黄油的就越少。如果要生产更多的黄油，就必须放弃一些大炮。萨缪尔森把这种关系叫作"生产要素的代替可能性"。这样一来，就存在着进行各种产品生产的不同组合，他把这种关系称为"生产可能性集合"。经济学正是要研究资源稀缺的条件下，人们如何组织生产和分配以取得最大的生产消费和享受的。

萨缪尔森认为，凯恩斯提出的运用财政政策和货币政策可以调节经济活动，以这种理论为前提的所谓混合经济就有可能保证充分就业，那时，一般均衡将再度实现。这样，就可以把凯恩斯的经济学理论和新古典经济学的理论有机地结合起来。

萨缪尔森经济学的最基础性理论是混合经济理论。《经济学》认为，混合经济就是国家垄断资本主义，也就是凯恩斯所说的让国家之权威与私人之策动力量互相合作和汉森所说的公私合伙。随着《经济学》的一版再版，萨缪尔森不断修改和完善混合经济体制的概念。到了1976年第10版，混合经济体制的理论体系更进一步完备了。在第12版中，萨缪尔森提出，不论是市场经济还是命令经济都不能概括当代的经济，而只有混合经济才能概括以美国经济为代表的现代经济，现代经济是私人组织和政府机构都实施经济控制的混合经济，在这种经济制度中，私有制度通过市场机制的无性指令发生作用，政府机构的作用则通过调节性的命令和财政政策刺激得以实现。

混合经济具有两个主要特征。一方面，它强调政府的经济作用。政府在现代混合经济中的作用日益扩大；政府的经济作用在联邦赋税和地方财政中表现得非常突出；国家税收是调节经济生活的重要手段之一。完全不受限制的市场制度可能使某些人缺乏收入以致饿死，而其他的人得到不合适的或收入过多，为此，他提出了最低福利的理论和政策，这是国家政府在现代市场经济条件下对经济的重要的调节内容。

另一方面，强调所谓垄断和竞争的混合。萨缪尔森全面重复了马歇尔的"均衡价格论"，提出在现代的混合经济中，经济学的三个基

↑企业是现代社会中最基本的生产单位。特别是大企业必须建立起一套严密的组织机构；实施科学的管理方法，任命称职的管者，才能从根本上实现经济利益，推动社会的发展。

本问题主要并不依靠集权的中央法令所决定，它所依靠的是市场与价格制度。一切经济生活都是竞争成分与垄断成分的混合物。通行的方式是不完全竞争（垄断竞争），而不是完全竞争。社会所能争取的仅仅是最接近于完全竞争的状态。

萨缪尔森归纳了混合经济的概念：既有市场竞争又有国家政府的宏观调控，既有大量的私有制经济又有国家公共经济，既有市场竞争又有垄断经营的复合的经济。

马歇尔的《经济学原理》用生产要素的价格确定分配问题，萨缪尔森基本承袭了这个传统，来论述现代资本主义的分配理论。他认为，在大多数情况下，我们不能断定：物质产品的多大部分是由各种生产要素中的哪一种单独造成的。各种生产要素必须相互发生作用。正因为如此，在产品分配的时候，人们应该给每一种生产要素都进行分配。他重复了"边际产品"和"收益递减"的概念来解开分配之谜。按照这种理论，各种生产要素都理所当然地取得了社会产品（国民总收入）的一份，根本不存在资本家对工人、地主对农民的剥削，各自的生产要素都取得了各自的收入，工资＝劳动的边际产品，地租＝土地的边际产品，其他生产要素以此类推。

## ∷历史影响

《经济学》一书打出把凯恩斯的宏观经济学和新古典经济学的微观经济学结合起来的妙牌，成为西方经济学领域最权威的教科书，从它初版问世时起，就几乎左右了西方经济学学科、社会经济政治发展的脉络。

20世纪50～60年代以来，西方经济学的发展可以说是围绕着对新古典综合经济学的维护与反对而展开的。在60年代，新剑桥经济学和新古典综合经济学展开了论战，从而对经济增长的要素进行了系统深入的分析。70年代以后，货币主义、理性预期经济学、供应学派经济学等新保守主义经济学理论相继站在新古典综合经济学的反面而创立。该书作者后来说，从70年代以来，几乎所有的经济学诺贝尔奖的获得者，都是从读这本书开始研究经济学的。

在资本主义各国经济恢复的过程中，这本书起到理论基础和政策基础的作用。各国的政府在这本书中找到了它们所需要的经济理论和经济政策，并把这些理论和政策运用于经济实践，产生了积极的效果。直到20世纪80年代，它还在发挥着影响，当时的美国里根总统实施新的积极政策的时候，他不得不大力扭转新古典综合经济学的积极政策。

# 中世纪男人的精神家园

# 骑士文化

骑士文化是中世纪欧洲一种独特的文化现象。

在罗马帝国后期的战争中，骑士日益显示出它的威力，罗马人最终未能挡住蛮族人的侵袭，日耳曼骑兵的铁蹄终于踏毁了庞大的罗马帝国。历史步入中世纪，骑兵成为军队中的主力。骑士只是在骑马打仗参加军事作战时，才是一名骑兵，在和平时期，他却是土地所有者。它是通过采邑制与分封制而形成的。

6世纪末，随着征战的不断进行，法兰克王国蜕变为小诸侯为主的国家，这使得维持大规模有组织的骑兵更加困难。在丕平和查理·马特统治时期，为保证军队的忠诚及有效性，查理·马特进行了改革。他不再付给士兵金银，而是实行采邑制，就是把原来对土地无条件的封赐改为有条件的封赐。凡是从国家取得采邑的人，都有为国家服兵役的义务。从此，法兰克国家开始出现一个具有封建特权的骑士阶层。

受封贵族既然有服骑兵兵役的义务，因此，他要让自己的儿子从小便接受骑士的训练。他一般把儿子送到权势较大的领主家中充当扈从，平时照顾和侍奉女主人，男主人外

↑骑士制度兴起于8世纪，当时的统治者有足够财富可以向骑士们提供战马、武器与盔甲，以使他们在战争中效忠法兰克王国。

出打仗时则随侍身边，负责看守盔甲。直到 21 岁，才取得成为一名骑士的资格，其中要经历一次授封仪式。仪式结束后，这位新骑士有时会进入教堂，把剑放在祭坛上，表示他全身心奉献给神圣的教堂，他就成了一名骑士，主人或他的父亲会送给他一匹马作为礼物。

严格说来，只有出身上层、有财产的人，才能授封骑士，因为当时规定只有自由民才能手执武器，而且骑士必须自备武器、战马和装备，因此一般自由民无力承担。但是发展到后期，随着商品经济的发展，有些富裕的商人开始用钱购买骑士称号，这样他的后代便成为骑士。同时，有些为贵族服役并表现勇敢的人也破格提升为骑士。

## ::骑士与军事

在中世纪，骑士在军事上所起的作用是主要的。骑士有时参加战争，没有战争时就进行军事训练。后来，军事训练逐渐自发地形成一种"比武大会"的模式。参加比武大会的通常是两队骑士，相互约定某些条件进行格斗。到 13 世纪，比武大会实际上仍是一种小型战争。没有界限，没有仲裁人，各种暴行均有可能出现。到后来，才有传令官负责宣布比武大会及组织时间和地点。1225年以后，竞技场变得越来越文明，每一次比武要求有两名骑士及两名随从参加，他们要宣誓保持和平，不在竞技场上寻仇，比武技巧变得越来越重要，双方击打以折断武器为限，禁止不必要的伤害。人们使用的武器是在真正战斗中不太重要的长矛。比武大会逐渐限于一小部分骑士，而参加比武大会花费的逐步增加，更使它成为少数人的活动。

比武大会在中世纪的流行，使骑士这个阶层在战争之余有了军事锻炼的机会，个人技巧和勇猛可以从中表现出来，而集体作战的智慧也得到了培养。而且，比武大会也使得骑士道精神得以培育和传播，如为主人而战、重视名誉、尊重妇女、公平竞争等原则，得到很好地保持。

中世纪的战争是野蛮而又血淋淋的，骑士恰恰适应这种战争，相对而言，步兵则显得软弱无力。几乎每一次战争，都是由骑士构成攻击队伍，而步兵只是辅助性的防卫力量。随着装备的不断精良，尤其是盔甲的发展，骑士在战场上的作用更加增强。

在中世纪，人们视战争为人类的正常状态，对骑士就格外敬重，骑士因而形成一个受尊敬的阶层。作为社会的保卫者，他的服务是非常必要的。另外，如果他是一名骑士，那么，战争对他而言便有重要的经济意义。骑士们认为，战争是解决争端最正常的方法。教会无休止的调停和和谈只能在世俗贵族那里找到市场。战争同比武大会一样成了一项商业活动，成了一些穷骑士获得财产的手段。难怪，当教会一号召，便有那么多骑士自愿参加十字军去进攻东方。

## ::骑士与教会

在中世纪，骑士阶层具有相对的独立性，但同教会及国家有着密不可分的关系。教会和国家鼓励、支持骑士的生存和发展，为骑士提供发挥的机会，而骑士则往往打着教会和国家的旗号进行征战，保护和效忠于教会和国家。

早期基督教的传统似乎与骑士的行为是相悖的，教会则反对任何形式的战争。但是，在中世纪早期社会混乱、战争频繁的情况下，教会慢慢改变了自己的看法。教会甚至相信，战争是推广基督教的一种有效手段，使用武力，可使被征服民族改信基督教。到了8世纪，出现了为骑士或士兵布道的传统，骑士和士兵则随身携带着圣物。最后，教会承认骑士是世俗社会的一个重要阶层。

在中世纪，欧洲的社会实行长子继承制，因此，骑士的次子便成为无地的流浪骑士。到11世纪，这种无地骑士的数量越来越多，他们非常渴望在远征中获得成功，他们在战争中关心的只是劫掠。

骑士和教会的结合，最后终于促成了军事修会的形成。最早成立的是1118年建立的法国圣殿骑士团，在1120年，由意大利人组成了圣约翰医护骑士团。到12世纪末，德意志的骑士又组成条顿骑士团。这些骑士原来绝大部分是西欧各国的破落贵族及亡命之徒，他们按照修会制度组织起来，直属教皇管辖。骑士团通过抢劫掠夺而有了大量财富，他们在西欧、叙利亚、巴勒斯坦拥有大量的地产，享受各种免税特权。反过来，这些修士骑士也完全为教会所用，成为教会镇压异端、剪除

→ 1095年教皇乌尔班二世在法国克勒芝召开宗教会议，号召夺回圣地，由此引发了长达将近两个世纪的"十字军东侵"。

异己的工具。1206 年，当教皇英诺森三世下令镇压法国北部的异端阿尔比派时，骑士组成的十字军成为主要的讨伐力量。在中世纪后期，当镇压捷克胡斯派时，又是骑士先后组成了 5 次十字军，充当了镇压主力。

## ：：骑士的婚姻爱情观

作为骑士文化的核心的骑士精神，除了作战勇敢、对主人效忠外，便是对妇女的尊重与爱。骑士对心中的女人爱近乎对女神的崇拜，骑士精神与对淑女的崇拜是紧密结合在一起的。骑士渴望获得赫赫战功，最大的目的并不是想获得权力和财富，而只是想在战场上充分表现个人的勇敢，从而获得女人的芳心。在他们看来，能取得贵妇人的芳心，能在历险中取得胜利，便是骑士的最高荣誉。一旦获得她的爱，骑士便能比任何传说中的英雄更勇敢地面对敌人的长矛，她的爱是取之不竭的精神源泉。

这种爱并非一般意义上的性爱和爱情，它并不实际地导致婚姻，它更像柏拉图式的精神之爱。骑士可以爱上一个他根本没有接近过，甚至一点不熟悉的女人，并为之战斗，把自己的一切献给她，但并不在乎去实际拥有她。骑士所钟爱的对象往往是有家室的贵妇人，这种破坏家庭的爱在当时似乎极受推崇，也成为许多骑士抒情诗所歌颂的题材。应该说，这种思想与中世纪正统的婚姻观念是相悖的。

骑士之爱同骑士在成为骑士前的受训有关。贵族子弟从小被送到一个较大的有权势的或者富有的领主家中。平日里，扈从待在领主家中，主要是服侍女主人或女公子用餐，向她们学习各种礼节；唱爱情诗和学习讨好女主人的本领，要树立起一种为女主人而献身的精神，甚至甘愿为她们去死。只有当男主人出发作战时，他才跟在主人身边。因此，在骑士身体和心理成长的最重要阶段，他大部分时间都是同女主人待在一起的，而女主人实际上扮演着母亲与教师两种角色。日积月累，骑士对她便产生出一种特殊的情感，即骑士的爱。

骑士之爱同法国南部普罗旺斯吟游诗人所宣扬的爱情现有关。11 世纪的法国南部是一个幸运之地，社会交往受到极大的尊重，城堡往往成为聚会娱乐的中心，出现了许多吟游诗人，吟唱大量爱情歌曲，主要内容是对贵妇人的爱慕和崇拜。随着这些诗歌的不断流传，它所宣扬的爱情观亦普遍传播，并被结合进骑士精神中。

骑士之爱的产生在当时以及对以后的欧洲社会有着重要影响，它冲破了中世纪时期的种种利益婚姻，把爱情提到了非常重要的地位，它影响了以后欧洲社会对妇女的态度，成为绅士风度的源头，对欧洲文学的发展也起了非常重要的作用。

## 科学大师的大众化写作

# 狭义与广义相对论浅说

1879 年 3 月 14 日，人类历史上最伟大的理论物理学家和思想家阿尔伯特·爱因斯坦出生于德国乌尔姆城一个犹太家庭。小时候，保姆手上只需拿着一根小木棍，这个小孩就会看得发痴，并且会奇怪地笑起来。保姆因此更认定他是个傻子。念小学和中学时，除数学外，他几乎就没有什么好分数，老师和同学都不喜欢他。12 岁时，一名俄国留学生送给他一本欧几里得几何学，这对他的科学事业产生了决定性的影响。有一次，爱因斯坦的父亲问学校的训导主任，自己的儿子将来应该从事什么职业，这位主任直截了当地回答："做什么都没关系。因为，你的儿子将一事无成！"最后，学校终于勒令他退了学。

↓年轻的爱因斯坦

1905 年，年仅 26 岁的爱因斯坦便提出了相对论。在当时，只有极少数人能理解这一理论，但这个理论的提出确实改变了人们对整个世界的看法，成功地解决了困扰科学界几个世纪之久的一些问题。

享受音乐及宗教信仰，成为爱因斯坦生活中不可缺少的两大力量，它们与物理学一起支撑起爱因斯坦的整个精神世界。

1895 年，爱因斯坦就读于苏黎世联邦工业大学。由于他拒绝按一位老师的指示进行试验，让教授非常恼火，他为此受到了学校的处分。那位教授规劝他放弃物理学，他坚定地回答："我热爱物理学，我也自以为具有研究物理学的才能！"

1903 年，爱因斯坦与大学同学米列娃结婚。据说，在婚宴结束之后，爱因斯坦带着新娘回到克拉姆胡同，走到房门口，让人尴尬的一幕发生了：新郎又忘了带钥匙！可怜新娘只好无助地在新房门口苦等。

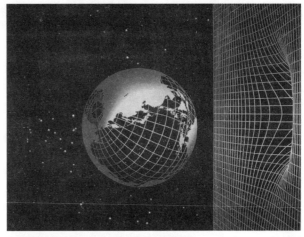

↑计算机绘制的关于"光会弯曲"理论的图

大学毕业之后，他在瑞士专利局做过 7 年的审查员。1905 年，爱因斯坦提出了相对论思想，并发表了《论动体的电动力学》。1915 年，他又提出了广义相对论原理。1921 年，他因此获得了诺贝尔物理学奖。

1933 年，法西斯主义上台以后爱因斯坦不得不离开瑞士来到美国普林斯顿高等学术研究院，从此，就定居美国。在二战期间，他竭力反对战争，亲自担任国际反帝大同盟名誉主席。他还曾被邀请出任以色列政府总统。

1955 年 4 月 18 日，爱因斯坦逝世。

爱因斯坦的主要著作还有《相对论的意义》(1923)、《布朗运动理论研究》(1926)、《宇宙的建造者》(1932)、《理论物理学方法》(1933)、《物理学的进化》(与人合著，1938) 等。

19 世纪末 20 世纪初，物理学上无法解释的新现象接踵而至。以太漂移实验、光电效应、黑体辐射、元素放射性，都成为充满矛盾的难题。物理学家企图在经典理论的框架里添枝加叶或修修补补来解决这些矛盾，但都无济于事。牛顿认为，时间和空间都是绝对的，宇宙中存在着一个绝对静止的空间，它是容纳一切物质容体的容器。牛顿的经典力学在 200 多年里一致被认为是不可动摇的。

另一方面，电子理论、量子物理学相继创立，兴起了现代物理学的革命高潮。在数学领域，新兴的黎曼几何一举打破了长期占统治地位的欧几里得几何。这一切都为爱因斯坦创立相对论奠定了坚实的基础。

1905 年，年仅 26 岁的爱因斯坦提出了狭义相对论思想，引发了物理学界的巨大震动。大物理学家普朗克对他说："现在一切都明白地解释了，您为什么又忙于另一个问题（指广义相对论）呢？"但他仍苦心孤诣的研究。

1916年，为了让更多的人了解相对论的深奥思想，爱因斯坦将自己的三篇论文编辑成出《狭义与广义相对论浅说》一书予以出版（上海科学技术出版社1964年版的中译本根据伦敦梅休恩出版公司1955年第15版译出）。

爱因斯坦在《狭义与广义相对论浅说》中提出了狭义相对论的两个基本原理。相对性原理：物理学定律在所有惯性系中是相同的，一个观察者看来是同时发生的事件，另一个向他做相对运动的观察者看来便不是同时发

↑ 1900年的苏黎世理工学院的科学实验室，此时爱因斯坦在这所大学读书。此时的爱因斯坦对物理学的兴趣更大了，在这所学校学习期间，爱因斯坦逐渐形成了一套新的物理学的理论。为日后提出相对论奠定了坚实的基础。

生的。假定两个做相对匀速运动的观察者所得到的光速相同，那么只要他们对时间与空间运用不同的量度，就能对于现象得到相同的自然规律，并能精确地说明这种差别有多少，换句话说，每个观察者都有自己一套时间－空间的框架，对于一切观察者全都相同的绝对空间和时间是不存在的。光速不变原理：在所有的惯性系中，真空中光的速度具有相同的值。

他由此得出了几个重要推论：同时性是相对的；运动着的尺子要缩短；运动着的时钟会变慢；运动中的物体的质量会变大等。

能量守恒定律和质量守恒定律曾是物理学中两条极重要的定律，它们长期以来被视作彼此独立的。爱因斯坦发现它们可以合成一条定律，而且，质量和能量可以互换。如果一个物体放射出能量，就会损失质量；如果接受能量，就会增加质量；当一物体加快运动时，它的能量和质量都会增加，当速度达到光速，它的质量将变成无穷大。他由此推导出著名的质能公式：$E = mc^2$（E为能量，m为质量，c为光速）。

爱因斯坦认为，时间与空间是密不可分的，时间不再具有牛顿体系中的独立性。

长期以来，物理学家一直认为惯性质量和引力质量相等是理所当然的，无须从理论上再加以研究。爱因斯坦认识到，这个相等是解决引力问题的关键。他提出了著名的等效原理：一个加速系统所看到的运动与存在引力场的惯性系统所看到的运动完全相同。发现"等效原理"被爱因斯坦认为是他一生中最愉快的事。这个原理是广义相对论大厦的基石。

他又进一步提出了"广义协变原理"：在任何参照系中，物理学规律的数学形式是相同的。就这样，他把相对性原理从惯性系推广到非惯性系。正因为"广义协变原理"是狭义相对论的相对性原理的一种推广，所以爱因斯坦把这种引力理论称为"广义相对论"。

爱因斯坦以黎曼的严格非欧几何作为广义相对论的时空模型。他认为，现实的物质空间不是平直的欧几里得空间，而是弯曲的黎曼空间。物质密度大的地方，则引力场的强度也大，时空就弯曲得厉害。时空的性质不仅取决于物质的运动，而且更重要的是取决于物质本身的分布。这就从新的高度彻底否定了牛顿的绝对时空观。

爱因斯坦曾提出三个著名预言，都得到了充分证实，从而证明了相对论的科学性。

## 1．水星轨道近日点的进动

在牛顿引力理论中，行星的运动轨道是椭圆形的，太阳位于椭圆的一个焦点上。1882年，美国天文学家纽康测定水星轨道近日点进动的观测值与理论值相比每世纪快43″。（注：今测值为42″6）按照广义相对论，行星绕太阳运动的椭圆轨道是很缓慢地在它自己的平面上旋转，使得行星每运行一周，行星轨道的近日点便移动一个角度，其数值以水星为最大，计算数值为每世纪，

↑爱因斯坦与新闻记者谈笑风生

爱因斯坦总是用轻松幽默的语言为他人解释深奥难懂的科学理论。经过他的解释，人们逐渐理解并接受了他的新的物理学理论。

与观测数据相当接近。这就证实了广义相对论所预言的第一个效应。

### 2．光线在引力场中的偏转

1915 年，爱因斯坦预言，光线经越太阳表面时要偏转 1″。1919 年，英国皇家学会和皇家天文学会对这个重要推论进行审查，为此派出了两个远征观测队，一个到巴西的索布拉尔，一个到西非的普林西比岛，其任务是拍摄 5 月 29 日的日全食照片，从而确定恒星发出的光是否受到太阳引力场的作用而发生偏转，并且比较观测到的数值与相对论预言数值。两地的观测结果证实了广义相对论的预言的正确性。英国最有影响的报纸《泰晤士报》当即发表社论说："关于宇宙结构的观念必须改变了，一种新的宇宙哲学正在诞生。"

### 3．光谱线的红向移动

因为在强引力场中，时钟要变慢，所以对以太阳为中心的引力场来说，本阳光从太阳表面传到地球，其光谱线的谱率应有红移现象（即频率变低，波长变长）。1925 年，美国天文学家亚当斯通过对天狼星密度很大的伴星的观测，确认了光谱线的红向移动，证实了爱因斯坦的预言。

## ::历史影响

《狭义与广义相对论浅说》至今仍是物理学科中的最重要的经典著作之一，它对整个人类思想的发展都产生了巨大深远的影响，是人类思想史上最伟大的成就之一。它把"人类受到教育的心智所能取得的最伟大的胜利"的相对论思想传播到了哲学、政治、艺术等广泛的领域。

相对论深刻地揭示了时间和空间的本质属性，论证了时间和空间的内在联系和统一性；同时也发展和改造了牛顿力学，使之适用于更广阔范围的力学现象，揭示了质量和能量之间的内在联系，以及力学和电磁学的统一性，对引力提出全新的解释。量子论奠基人、著名物理学家普朗克在读了爱因斯坦关于相对论的论文后，立即认为这是一个当时物理学中最伟大的发现，堪与哥白尼提出日心说的价值相比。

广义相对论对 20 世纪以来的天体物理学和宇宙学的研究起了巨大的推动作用，爱因斯坦本人成了现代宇宙学的先驱。

宇宙演进规律的动人演绎

# 时间简史

史蒂芬·霍金出生于 1942 年 1 月 8 日，这一天刚好是伽利略的 300 年忌日。1959 年，17 岁的霍金通过了牛津大学奖学金考试。由于对宇宙学研究的浓厚兴趣，学习期满，便申请去了剑桥大学，跟随英国当时最杰出的天文学家霍伊尔教授学习。20 岁这年，他大胆的向导师挑战，推翻了导师的一个论断。但不幸的是，恰在这期间，他被诊断患了"肌肉萎缩性侧索硬化症"，医生宣判他只剩下两年生命！顽强的霍金没有中断对广义相对论和宇宙论的研究，病情恶化势头减缓了下来。

20 世纪 70 年代，他和彭罗斯教授一起证明了著名的奇性定理，为此，他们共同获得了 1988 年的沃尔夫物理奖。他还证明了黑洞的面积定理。1973 年，他考虑黑洞附近的量子效应，发现黑洞会像黑体一样发出辐射，其辐射的温度和黑洞质量成反比，这样黑洞就会因为辐射而慢慢变小，而温度却越变越高，它以最后一刻的爆炸而告终。黑洞辐射的发现，将引力、量子力学和统计力学统一了起来。

1974 年以后，他的研究转向量子引力论。1980 年以后，他的兴趣转向量子宇宙论，真正使宇宙论成为一门成熟的科学，成为一个自足的理论。1983 年，霍金和加利福尼亚大学教授哈特尔合作提出了一个新理论设想：无论时间还是空间在范围上都是有限的，但是它们没有任何边界。如果这个理论设想是正确的，就不存在奇性，科学定律就处处有效。霍金说：如果我们确实发现了宇宙的终极理论，这种完整的统一理论将给人类为理解宇宙的智力斗争历史打上一个休止符。

霍金最重大的科学贡献几乎都是在轮椅上做出的。他全身只有 3 根指头能动，看书必须依赖于一种翻书页的机器，读文献时必须让人将每一页摊平在大办公桌上。1985 年，肺炎又夺去了他的讲话能力。这一切对于一位追求终极真理的灵魂丝毫无损，他虽无助地坐在轮椅上，他的思想却遨游到广袤的时空，他惊天动地的学说彻底改变了人类的宇宙观。

20 世纪 80 年代，霍金着力于广义相对论和量子力学合并成一个协调理论的研究。他认为：如果我们确定发现了一套完整的理论，它应该在一般的原理上及时让所有人理解。那时，所有人，包括哲学家、科学家以及普普通通的人，都能参加为何我们和宇宙存在的问题的讨论。如果我们对此找到了答案，则将是人类理智的最终极的胜利——因为那时我们知道了上帝的精神。为此，他尝试写一本关于空间和时间的通俗读物，来陈述当今有关宇宙的最重要的科学思想。这就是 1988 年出版的《时间简史——从大爆炸到黑洞》。

霍金的重要著作还有《霍金讲演录——黑洞、婴儿宇宙及其他》（1993 年 3 月）——《时间简史》的姊妹篇，是霍金教授在 1976 年至 1992 年间所写文章的结集；《时间简史续编》和与彭罗斯合著的《时间本性》等。

现在，霍金是剑桥大学卢卡逊数学教授，这个职务曾由牛顿和狄拉克两位科学巨匠担任过。

## ::基本思想

在序言中，霍金介绍了当今有关宇宙的最重要的科学思想，他试图解决尚未解决的全部难题。

宇宙从何而来？它是什么，是怎么样开始的？它会有末日吗？如果有的话，在什么时候？或者它需要一个造物主？若是这样，它还有其他的宇宙效应吗？又是谁创造了造物主？霍金对上述问题作了智性的阐述。霍金说，迄今，大部分科学家都忙于描述宇宙为何物的理论，以至于没工夫去过问为什么的问题。另一方面，以寻根究底为己任的哲学家不能跟得上科学理论的步伐。霍金所从事的伟业的价值是大尺度的，因为它关于当今人类全体精神一体的沟通，赋予了宇宙

↑霍金像
霍金是当代最伟大的物理理论学者。黑洞问题一直是科学界最为关注和感兴趣的课题之一。在这一领域内，霍金取得卓有成效的研究成果。他提出的一系列有关黑洞的理论为科学界所认可。

学研究中最强的理性力度。霍金对人类观念的贡献，也是大尺度的。他着力揭示了当日益膨胀的宇宙崩溃时，时间倒溯引起人们不安的可能性，那时宇宙分裂成 11 维空间，一种"没有边界"的宇宙理论可能取代大爆炸理论。

《时间简史》正文共 11 章，分三个主题。

第一个主题，包括第 1、2、

↑ "宇宙背景探索者"人造卫星曾在 1992 年侦测到 150 亿年前宇宙大爆炸时的辐射及其所留下的波纹。

3 章，主要叙述人类对宇宙图像、时空观念、宇宙演化的基本认识的发展历程。这是霍金理论的立足点。第 3 章揭示了现代宇宙学存在的困难和问题，这正是霍金提出量子引力理论的出发点。

该部分对理论物理学在近代以来最重要的突破性成果即爱因斯坦的广义相对论的意义做出了进一步的阐释，同时概述了霍金和彭罗斯在 1965 ~ 1970 年期间在大尺度上研究宇宙取得最重要的成果——关于奇性定理的证明。即如果广义相对论是正确的，则在过去必然存在一个无限密度的状态——大爆炸奇性。它意味着，科学不能预言宇宙是如何起始的。

第二个主题，包括第 4、5、6、7、8、9 章。第 4、5 两章介绍量子力学的基本概念，粒子物理与宇宙的衔接交叉。第 6 ~ 9 章阐述霍金理论的基本内容，包括黑洞概念、黑洞辐射、量子引力效应、"虚"时间、时间箭头等。霍金将研究视野转移到量子物理理论，这个有关非常小尺度的理论，获得了对奇性定理证明的极大反省，并因此改变了宇宙开端上一定有奇点的结论，他认为只要考虑了量子效应，奇性则会消失，就有可能预言宇宙是如何起始的。在这里，做出了他毕生最令人吃惊的发现：黑洞不是完全黑的！当人们顾及物质的小尺度行为时，粒子和辐射可以从黑洞漏出来。黑洞正如同一个热体似地发射辐射。因为广义相对论预言过，当大质量恒星耗尽其核燃料时将会向内坍缩。霍金和彭罗斯也证明过，它们会继续坍缩直至达到具有无限密度的奇点。至少对于该恒星以及在它上面的一切，这个奇点即是时间的终点。奇点的引力场之强，甚至光线都不能从围绕它的区域逃逸，它被引力场拉回去，不可能从该处逃逸的区域就叫作黑洞。

霍金对时间的精要研究集中在第9章。霍金认为：科学定律并不能区分前进和后退的时间方向。然而，至少有三个不同的时间箭头将过去和将来区分开来。它们分别是：热力学箭头，这就是无序度或熵增加的时间方向；心理学箭头，即是我们的感觉时间流逝的方向，我们能记住过去而不是将来；宇宙学箭头，在这个时间方向上，宇宙在膨胀而不是收缩。

霍金通过"时间箭头"的提出和研究，旨在说明宇宙的初始状态和衍生的基本规律，他发现，热力学箭头和宇宙学箭头的一致，才是智慧生命存在的条件，因为智慧生命只能在膨胀相中存在，而收缩相那儿由于没有强的热力学时间箭头，是不适合于智慧生命存在的。由此可见，霍金对时间箭头的研究，既是对宇宙从何开始，又在何地终结问题的回答，更为根本的是在解释作为智慧生命的人类是如何存在的问题。

第三个主题，包括第10、11章。第10章阐述物理学的总体目标和发展前景，介绍大统一理论，超强理论，提出了超统一理论的三种可能结局。第11章重申霍金本人的基本思想观念和主要结论。

霍金试图与当代科学家和更为广大的人文工作者共同努力建立一个统一物理的基本框架，即是使广义相对论和量子力学结合的重力量子理论的构建工程，这也是一个智慧的、富有挑战性的任务。

## ∷历史影响

史蒂芬·霍金的《时间简史》，让人领略到当代一个最富有想象力、影响最为深远的思想家的智慧。该书奠定了他作为20世纪乃至21世纪享有国际盛誉的伟人之一的地位，他被认为是继爱因斯坦之后最杰出的理论物理学家。

《时间简史》出版后，名列伦敦《星期日泰晤士报》最畅销书榜上达200多周之久，被翻译成33种版本，这一出版奇迹被收入吉尼斯世界纪录。迄今，它的累计发行量已达2500万册，被公认为当代世界最伟大的科学名著之一。《时间简史》完全改变了人们有关物理学、宇宙和实在本身的观念，展现了当代有关宇宙的最重要的科学思想。它使人不仅可获得最新宇宙学知识，更重要的是，它使人获得科学思想、科学精神、科学态度以及科学方法的熏陶和培养，使人获得非生物本能的智慧，获得精神的自由升华。

1996年，由美籍华裔学者许明贤、吴忠超翻译，湖南科学技术出版社出版了《时间简史——从大爆炸到黑洞》中译本。